ECHOS OF LIFE

DAS LEBEN PRÄGT SICH IN EINER VIELZAHL
VON BILDERN EIN.
EIN GROSSER TEIL DIESER BILDER KANN DURCH
SINNLICHE WAHRNEHMUNG ABGERUFEN WERDEN.
DAS BEWUSSTSEIN BESTEHT IM WESENTLICHEN AUS
DER REFLEXION DIESER BILDER.
EIN ANDERER TEIL ENTZIEHT SICH DEM UNMITTELBAREN
ZUGRIFF. DOCH BESTIMMTE EREIGNISSE HEBEN ALLE
BILDER INS LICHT DES BEWUSSTSEINS.

BILDER · TEXTE · APHORISMEN
FOTOGRAFIE LAJOS KERESZTES
TEXTE ANGELA BAUMANN

AUGENBLICKE, IN DENEN
DIE SEELE AUFS ÄUSSERSTE GESPANNT
DAS ERSEHNTE, VERSÄUMTE UND
GELEBTE LEBEN
IN BUNTEN VISIONEN FÜHLT

Er dachte schon viel zu lange darüber nach.
Von Tag zu Tag schien die Botschaft bedrohlicher zu werden.
Auf Nachrichten vergleichbaren Inhalts hatte er oft ungeduldig gewartet, um dann in hektische Betriebsamkeit zu verfallen.
Er hatte immer gewußt, was zu tun war, wenn ihn diese Worte erreichten. Diesmal wußte er es nicht, war immer ratloser und unruhiger geworden, je näher der Termin rückte.

Denkbar war alles. Eine neue Sekretärin beispielsweise, die wegen des Aussehens ihres Köpfchens engagiert worden war und nicht wegen des Inhalts. Sie mochte den Hinweis auf absolute Diskretion mißverstanden, vielmehr übertrieben haben.
Vielleicht war auch gerade diesmal besondere Vorsicht geboten.
  Anfangs war ihm die Nachricht ohne jede Namensnennung nur ungewöhnlich erschienen.
   Weil er nichts tun konnte, sich aufgefordert fühlte, ohne zu wissen wozu, hatte sie immer mehr Raum in seinem Denken eingenommen.

Er hatte vorsichtshalber mit seiner Bank telefoniert, Verschiebungen vorgenommen. Sollte die Nachricht das Übliche bedeuten, waren die üblichen Vorkehrungen getroffen.
Ein merkwürdig trockenes, kurzes Geräusch war in der Luft.

EIN BOLLWERK ERRICHTET,
GEGEN ARMUT UND ABHÄNGIGKEIT
FESTEN BODEN UNTER DEN FÜSSEN,
GESCHÜTZT GEGEN STÜRZE IN UNENDLICHE TIEFEN.
IN GRABESSTILLEM GEWAHRSAM
ZEIGT DIE SICHERHEIT DEN JANUSKOPF.

Das Geräusch löste auf der gegenüberliegenden Straßenseite eine fast unmerkliche Bewegung aus. Die Gestalt, die dort auf dem Boden saß, den Rücken an die Hauswand gelehnt, hob langsam den Kopf. Zunächst sah man nur die Oberseite eines runden Hutes mit breiter Krempe. Er mochte einmal kamelhaarfarben gewesen sein, möglicherweise von guter Qualität und kleidsamer Façon. Je höher der Mann den Kopf hob, um so deutlicher wurde die desolate Verfassung des Hutes. Seine Krempe hing in weichen Wellen herab, dunkle Flecke wucherten oberhalb und unterhalb des schwarzen Schweißbandes weit in den Filz hinein, der Schattierungen von beige bis schwarz aufwies. Auf dem Oberkopf zierte den Hut nicht jener allgemein übliche elegante Knick mit weichen Übergängen. Er sah aus der Entfernung eher schartig oder vernarbt aus, als ob er schon mehrmals hätte schwere Schläge hinnehmen müssen, stellvertretend oder zumindest mildernd für den Kopf darunter. Einzelne zackige Löcher in dieser abenteuerlichen Kopfbedeckung mochten lästig bei Regen und kaltem Wind sein.

DIE KINDLICHE ZUVERSICHT,
ZWISCHEN AUFGERISSENEN HIMMELN
UND ENDLOSEN WASSERN
DOCH IMMER GEBORGEN ZU SEIN

Sie waren andererseits zweckmäßig, wenn der Mann, wie gerade eben, an einer Hauswand saß, den Hut ins Gesicht gezogen, scheinbar schlafend und doch wachsam von jedem Geräusch aufgeschreckt und jede ungewöhnliche Bewegung durch die Löcher beobachtend. Der Hut forderte förmlich zu dem Allgemeinplatz heraus, er und sein Träger hätten schon bessere Zeiten gesehen. Wenn man davon ausging, die eigentümliche Kopfbedeckung habe seit ihrem Neuerwerb den Besitzer nicht gewechselt, lag der Schluß nahe, es handle sich bei der Gestalt auf der anderen Seite der Straße um einen alten Mann.

„Halten Sie sich bereit!"
Im nächsten Augenblick würde er Gewißheit haben. Tag und Uhrzeit waren exakt in der Nachricht enthalten.

Konnten diese Worte etwas anderes bedeuten als das Übliche? Ohne Briefkopf, ohne weiteren Zusatz, mitten auf einem weißen Blatt Papier stehend, entwickelten sie ein Eigenleben – vielschichtig, vieldeutig – die Aufforderung wurde zur Herausforderung.

DIE BENEIDET,
AN DENEN SPUREN
UND TRITTE KEINEN
HALT FANDEN.

Man konnte eine Verheißung, ein Versprechen heraushören – irgend etwas, das weit über eine geglückte Börsenspekulation hinausging:
„Du hast mir Glück gebracht im Kasino."
„Ich weiß, ich bringe immer Glück."
„Woran liegt das? Daran, daß Du einen stundenlang unverwandt aus Deinen Porzellanaugen ansehen kannst?"
„Nicht nur."
„Daran, daß Deine schmalen Hände mit den langen, an den Spitzen aufgebogenen Fingern die Chips zu beschwören scheinen, dazubleiben und alle anderen an sich zu ziehen?"
„Nicht nur."
„Am Kupferschimmer Deines Haares – vielmehr einem Schimmer zwischen Kupfer und Messing oder Gold – zieht er das Glück an?"
„Nicht nur."
„Die Faszination Deiner Hüfte, die sich fordernd dem Spieltisch entgegenbiegt, wenn Du den Kopf zurückwirfst? Bist Du Danae, in deren Schoß alles Gold strebt?"
„Du bist ein Poet, mein Schatz, das hätte ich am allerwenigsten erwartet."
„Ich? Ein Poet? – Vielleicht, bei ganz besonderen Gelegenheiten."

DIE STRENG UMRISSENE FORM,
DIE KLARHEIT, LOGIK UND KONSEQUENZ
ZUR MAXIME GEMACHT –
UND WOLKENGEWÄNDER VERFEHLT.

„Bin ich eine ganz besondere Gelegenheit?"
„Da Du den Poeten in mir geweckt hast, muß es wohl so sein."
„Willst Du nicht mehr wissen, warum ich Glück bringe?"
„Mir ist, als ob ich mich vor der Antwort zu fürchten begänne."
„Du sollst es trotzdem erfahren. Ich habe Glück, weil ich Glück haben will, ich ziehe das Glück mit allen Fasern meines Wesens an mich, und ich habe Dich erkannt. Ich will das Glück in Form von Geld, und Du willst das Glück in Form von Erfolg. Findest Du nicht, wir passen gut zusammen? Vergiß den Poeten — auf Dauer gesehen gibt es kein anderes Glück als Erfolg, Geld und damit verbundene Macht."
»Würdest Du das wollen? Das andere Glück — eines von denen, die ganz unverhofft und unscheinbar daherkommen, wachsen, Dich ganz erfüllen und immer, immer an Kontur verlieren, davonschwimmen und Dich jedesmal älter und resignierter zurücklassen. Würdest Du das wollen?«
„Ja, ich weiß, ich wiederhole mich. Das mag bei Deinen Geschäftsverhandlungen ein Argument sein. Aber es ist keines, solange es um unsere Beziehung geht und darum, daß sich nichts ändert."
„Was soll sich denn ändern?

IMMER SELTENER
AN DER FARBIGKEIT
DES GEWÖHNLICHEN
TEILGEHABT.

„Ich kann nicht glauben, daß Du all Deine Forderungen an mich ernst meinst."
„Ich meine sie ernst."
„Wenn Du verlangen würdest, ich solle an mir etwas ändern, was auch schon eine schlechte Voraussetzung ist, es wäre dennoch leichter zu bewerkstelligen als das, was Du forderst. Ich werde nicht mehr rauchen und versuchen, geduldiger zu sein. Ich werde keine andere Frau mehr ansehen, Dir nicht mehr ins Wort fallen und Dir nie mehr etwas zu diktieren versuchen. Ich werde alles abstellen, was Dich sonst noch stört, aber ich kann nicht meine Arbeit vernachlässigen."
„Du vernachlässigst lieber mich?"
„Das ist eine Frage des Anspruchs. Du hast alles, was Du Dir nur wünschen kannst. Es macht mir Freude, Dich zu verwöhnen, niemand käme auf die Idee, Dich als vernachlässigte Frau zu bezeichnen."
„Niemand von Deinen Geschäftsfreunden, sicherlich. Denen ist ein Pelzmantel und ein schnelles Auto Liebesbeweis genug, Hauptsache teuer. Aber Du selbst fühlst es und überschüttest mich mit materiellen Liebesbeweisen, weil Du meinen eigentlichen Anspruch ahnst und ein schlechtes Gewissen hast, ihn nie, niemals zu erfüllen."

DIE HOFFNUNG –
EIN MONOLITH
GEBLIEBEN ZU SEIN
INMITTEN DER ANPASSUNG.

„Ich verstehe nicht. Was ist Dein eigentlicher Anspruch?"
„Du, Du bist mein wahrer Anspruch. Ich will Dich, weil ich fühle, daß es wunderbar sein müßte, mehr von Dir zu bekommen als nur das, was Deine Arbeit übrigläßt."
„Du täuschst Dich sicher. Vielleicht erspart Dir die nicht allzu intensive Gestaltung unserer Beziehung so manche Ernüchterung."
„Habe ich Dich richtig verstanden, Du enthältst Dich mir nicht nur äußeren Zwängen folgend vor, Du hältst eine größere Nähe und Vertrautheit, mehr Zeit füreinander, mehr Zärtlichkeit nicht einmal für wünschenswert?"

„Vielleicht ist es so, obwohl ich Dich liebe!"
„Ich liebe Dich auch, aber offenbar auf andere Weise, mit anderen Erwartungen. Unter Deinen Voraussetzungen will ich nicht mehr länger mit Dir leben."
Für das ruhige, stetige Glück, das ein Stück Sicherheit und Geborgenheit gibt, war es unmerklich zu spät geworden.
Er hatte sich kein Haus gebaut, keinen Baum gepflanzt, keinen Sohn gezeugt, und alles andere ähnelte zu sehr riskanten Geschäften, die hohe Investitionen verlangen und nur zweifelhaften Gewinn abwerfen. Es hatte so viele Möglichkeiten zum Glück gegeben, warum waren sie ihm alle zwischen den Fingern zerronnen?
„Du brauchst mich nicht nach meinem Befinden zu fragen, mir nicht in dieser abscheulich scheinheiligen Art und Weise eine gute Besserung zu wünschen.

DEM SCHOSS DER ERDE BEGEGNEN –
DER TROPISCH UND LEUCHTEND SEIN MÜSSTE,
UND EINMAL DEN MUT ZUM
SICHVERLIEREN FINDEN.

Ich weiß, und Du weißt, es geht zu Ende. Widersprich nicht. Manchmal habe ich das Gefühl, das hier sei nur eine besonders raffinierte Methode, Selbstmord zu begehen, ohne den Versicherungsanspruch zu verlieren. Paß auf Dich auf, auch Du hast die besten Voraussetzungen, Dich auf diese Weise zugrunde zu richten. Besonders auf den Magen – paß besonders auf Deinen Magen auf. Trink nicht zuviel Alkohol, zu kaltes Zeug, iß vernünftig. Was Du an Unverdaulichem hinunterzufressen hast, ist schlimm genug für ihn, reize ihn nicht noch anderweitig."
„Ich wollte mit Dir reden."
„Ja, ja, ich weiß, Du bist und bleibst der clevere Geschäftsmann, der auch noch am Sterbebett des Partners seine Chance erkennt und nützt."
„Es geht nicht um Geschäfte!"
„Doch, zu guter Letzt ist es auch wieder nur ein Geschäft – vielleicht mißrät uns eben alles, was wir anfassen, letztlich zum Geschäft. Du weißt, daß ich hier nicht mehr lebend rauskomme, und spekulierst auf mein väterliches Bedürfnis, sie versorgt zu wissen."
„Von Versorgung ist keine Rede. Weder mir noch ihr geht es dabei um Versorgung, wir lieben uns!"
„Natürlich, vorläufig könnte jeder von Euch den anderen üppig versorgen, ihr habt nicht nötig, darüber nachzudenken oder zu sprechen. Stattdessen redet Ihr von Gefühlen. Ich habe Dich immer als Geschäftspartner geschätzt, vielleicht, weil ich nicht wußte, daß Du sentimental sein kannst. Was soll das heißen:

DER GOLDENE SCHIMMER,
DER DIE VERLOCKUNGEN UMGAB,
ABGENÜTZT, AUFGELÖST
IM UNERBITTLICHEN GRAU
DES PLANIERTEN WEGES.

"Wir lieben uns? Laß mich ausreden! Einer wie Du, der Geschäfte dieser Größenordnung macht, lebt zwischen den Fronten und steht nicht immer auf dem Boden der Legalität, er lebt gefährlich, und ich weiß, wovon ich spreche — wenn auch mein Ende noch eine relativ harmlos aussehende Folge des Berufs ist, weil Du in jedem anderen Beruf ebenso daran krepieren kannst. Wie kannst Du behaupten, sie zu lieben, wenn Du offenbar gewillt bist, sie in dieses Leben hineinzuziehen! Und wenn sie glaubt, Dich zu lieben, um so schlimmer!"
"Du übertreibst!"
"Also doch sentimental! Du verschließt doch sonst nie die Augen vor den Tatsachen, warum gerade hier, wo es dringend nötig wäre, obwohl oder gerade weil es um Gefühle geht. Im übrigen brauchen wir nicht mehr darüber zu diskutieren. Ich habe meinen Entschluß gefaßt und alle Vorkehrungen getroffen.

IM EINKLANG
MIT ALLEM ZU STEHEN,
OHNE DEN VERLUST
DER EIGENARTIGKEIT.

Nach der Heirat meiner Tochter mit diesem Universitätsprofessor vernichtet mein Anwalt Papiere, die ich bei ihm hinterlegt habe und die bei Veröffentlichung Deinen absoluten geschäftlichen und gesellschaftlichen Ruin bedeuten würden.
Solltest Du nicht ab sofort die Finger von ihr lassen, weißt Du, was geschieht. Ich bin nicht gewohnt, auf Gefühle Rücksicht zu nehmen, auch nicht auf die meiner Tochter. Ein Gutes haben sie, die Gefühle, sie verändern sich ständig. Du sorgst also dafür, daß sie dieses große Kind mit Wissenschaftlerkarriere heiratet. Wenn das überstanden ist, habe ich ein Trostpflästerchen für Dich, es wird Dich auf Dauer gesehen mit meinem Entschluß versöhnen.

Ich kenne Dich, vermutlich besser, als Du Dich selbst im Augenblick kennst. Du bekommst das Projekt, hinter dem Du seit Jahren her bist, zu günstigen Konditionen — ich hätte es sowieso nur Dir überlassen.

DIE SCHÖNSTEN TAGE —
DENEN NICHTS ABVERLANGT WURDE,
ALS NUR TAG ZU SEIN,
DER SICH IM SANDE DEHNT.

Und nun geh, ich weiß, Du wirst mich in guter Erinnerung behalten, als Partner, der Dir gewachsen war, und nicht als sentimentalen Schwiegervater und Opa von einem Haufen plärrender Kinder."

Der Alte auf der anderen Straßenseite saß in einer Haltung, die keinesfalls bequem sein konnte. Sein Körper stellte eine rechtwinklige Verbindung zwischen Straße und Haus dar, eine Hälfte des Körpers waagerecht, die andere senkrecht. Einerseits wirkte die Gestalt — sitzend — zunächst klein, andererseits ließ sie — voll aufgerichtet — stattliche Größe vermuten. Die aufrecht und gerade nebeneinander stehenden Schuhsohlen gaben der Haltung eher etwas Meditatives oder Gespanntes, als etwas Ruhendes. Sie befanden sich in ähnlichem Zustand wie der Hut. Lange und beschwerliche Wege hatten ihre Spuren hinterlassen.

DIE TRÖSTLICHE GEWISSHEIT,
AUCH ALS FREMDKÖRPER
IN DEN ZUSAMMENHANG
GEBETTET ZU SEIN.

Löcher, Flecke, eingetretene Nägel, zerlaufener Kaugummi: Diese Schuhsohlen waren ihre eigene Landkarte.
Von der Hose war nicht viel zu sehen, um so vielfältiger wirkte die Oberbekleidung. Ein graufarbener Unterhemdkragen umschloß den Hals und ein durchlöcherter, faustgroßer Stein hing an einer Schnur in den Ausschnitt des karierten Flanellhemdes. Unter dem schweren, aufgeknöpften, grauen Mantel sah das typische Revers eines Smokings hervor, die Seide schäbig und mitgenommen, wie jedes Detail an diesem Mann, aber stellenweise wie zum Hohn noch festlich schimmernd. Die Menge der Kleidungsstücke erschwerte ein Urteil über die Figur des Mannes. Aber er schien groß und kräftig, keinesfalls kränklich und ausgezehrt, wie es seine Lebensweise hatte vermuten lassen.
An den Ärmeln schien erkennbar zu sein, welches Kleidungsstück für ihn angefertigt oder gekauft war: Einzig der Smoking. Sein Ärmel endete an der Handwurzel.

SICH MANCHMAL
VON SICHERHEIT UND FESTIGKEIT
WIE VON EINEM GEFÄHRLICHEN TIER
BELAUERT GEFÜHLT.

Das weit darüber hinausreichende Flanellhemd war über den Smokingärmel zurückgeklappt und der Arm des grauen Mantels begann erst knapp vor dem Ellenbogen. Faszinierend sah der Stein aus, den der Mann um den Hals trug. Er war diskusförmig und mit zwei gegeneinander und ineinander angeordneten Formen bemalt, jede am einen Ende schmal, am anderen bauchig. Die eine war mit schwarzer, die andere mit weißer Farbe ausgefüllt, jede trug in ihrem Bauch einen Punkt in der Farbe der gegengleichen; zusammen ergaben sie einen Kreis und eine merkwürdig fließende, unkonkrete und doch harmonische Form.

Was den Eindruck, der Mann meditiere und sitze nicht nur da, um zu dösen, noch vertiefte, war die Stellung seiner Hände. Die rechte Hand lag mit ausgestreckten Fingern auf dem rechten Knie, die linke auf dem linken. Man mochte über den Mann denken, was man wollte, seine Hände waren schön und im Gegensatz zu seinem sonstigen Aussehen augenscheinlich gepflegt. Seine langen, kräftigen Finger straften die Situation, in der er sich befand, Lügen. Sie hatten etwas Zupackendes, Bewältigendes, als ob sie keinesfalls einem Aussteiger, Versager oder Verweigerer gehören könnten.

DEN ZUGANG ZU ANDEREN VERMAUERT,
NICHT OHNE DIE MÖGLICHKEIT,
LÜCKEN HERAUSZUBRECHEN.

Die ovalen Nägel waren sorgfältig geschnitten und ohne Schmutzränder. Unbewegt verharrten die Hände in ihrer ausgestreckt gespannten Position.
„Halten Sie sich bereit!"
Ein Fluchthelfer könnte solch anonyme Nachrichten versenden.

»Die Art von Flucht, an die Du denkst, hast Du nicht nötig, Du lebst in einem freien Land.«
Dem merkwürdig trockenen Geräusch in der Luft folgte ein leises Klirren.
Was heißt schon frei?

»Im Grunde hättest Du sie jetzt bitter nötig, die Möglichkeit zur Flucht.«
„Ich begreife nicht, warum Du seine Bewerbungsunterlagen an mich weitergeleitet hast."

„Er scheint ein guter Mann zu sein, tüchtig, mit allerhand Erfahrung und unbestreitbaren Erfolgen."
„Gegessen — mit seinen fünfundvierzig Jahren kann er einfach nicht mehr tüchtig sein, jedenfalls nicht in der Weise, wie wir es verlangen. Er muß jung sein, dynamisch und kreativ, alles andere kommt dann von selbst.

NEIDVOLL
DIE IMMER OFFENEN TÜREN
DERER GESEHEN, DIE NICHTS
MISSTRAUISCH ZU BEWACHEN HABEN.

"Der Mann hat den Höhepunkt seiner Leistungskurve überschritten, uns bleibt nur, seinen Abstieg zu beobachten." Und wie schnell hatte er selbst seinen Zenit erreicht, den Punkt, der ihn mit der unerwarteten Erkenntnis schlug: „Viel mehr kommt nicht!"
„Und womit hast Du diese letzten zwanzig Jahre Deines Lebens ausgefüllt? Welche Ziele hattest Du Dir gesetzt?"
„Ich wollte – ich weiß nicht mehr, was ich wirklich wollte, ob ich schließlich noch etwas zu wollen hatte. Ich wollte – ich mußte alljährlich den Umsatz steigern, mehr verdienen, um jeden nächsthöheren Platz in der Hierarchie kämpfen: Eigentlich waren es immer nur Nahziele."
„Und hat es sich gelohnt?"
„Die Nahziele jedenfalls habe ich immer erreicht!"
„Und das Fazit?"
„Erfolg, Geld, Luxus, Einfluß und Macht."
„Das ist alles?"
„Ist das Dein Ernst? Es ist keineswegs eine Selbstverständlichkeit, das zu erreichen. Die allerwenigsten kommen so weit!"
„Es kommt darauf an, was man unter weiterkommen versteht, auf welchem Gebiet man weiterkommen will.

STEINIGE WEGE GEHEN
OHNE WOHER, OHNE WOHIN
UND IN DER GEWISSHEIT,
VON ABGRÜNDEN UMGEBEN ZU SEIN.

Die Richtung, die man eingeschlagen hat, schließt aus, daß man sich gleichzeitig noch in eine andere bewegt – jede Entscheidung für etwas ist auch eine Entscheidung gegen etwas. Und wie ist das mit Deinen Zielen, kommen sie Dir im Augenblick nicht selbst fragwürdig vor? Noch wäre es möglich, einen ganz anderen Weg einzuschlagen, nicht überall gehört man ab 40 zum alten Eisen!"
„Ich will nicht zweifeln. Ich will nicht mein ganzes bisheriges Leben den falschen Zielen nachgelaufen sein. Ich will meine Richtung nicht ändern und damit alles vernichten, was ich erreicht habe und wofür ich soviel eingesetzt habe."

Und er hatte sich fortan gehütet vor solchen Menschen, die ihn fühlen ließen, daß es noch andere Werte gegeben hätte, erstrebenswertere als die seinen. Seine Frauen waren immer jünger geworden, nur zu bereit, seine Fähigkeiten und Erfolge durch ihre unerfahrene Bewunderung aufzuwerten und zu legitimieren. In all den Jahren hatte er niemals an seine Kindheit gedacht. Robinson – vielleicht, wenn er rechtzeitig die Insel gesucht hätte, wäre sie noch auffindbar gewesen. Unberührtes Terrain, eine Aufgabe, nur ihm, ihm alleine gestellt und bewältigt mit den ureigensten Kräften des Individuums, nicht mit denen einer ganzen Zivilisation.

BEHARRLICH
DIE OEDE UND EINSAMKEIT
BEFESTIGT, UM NICHT
DEN HALT ZU VERLIEREN.

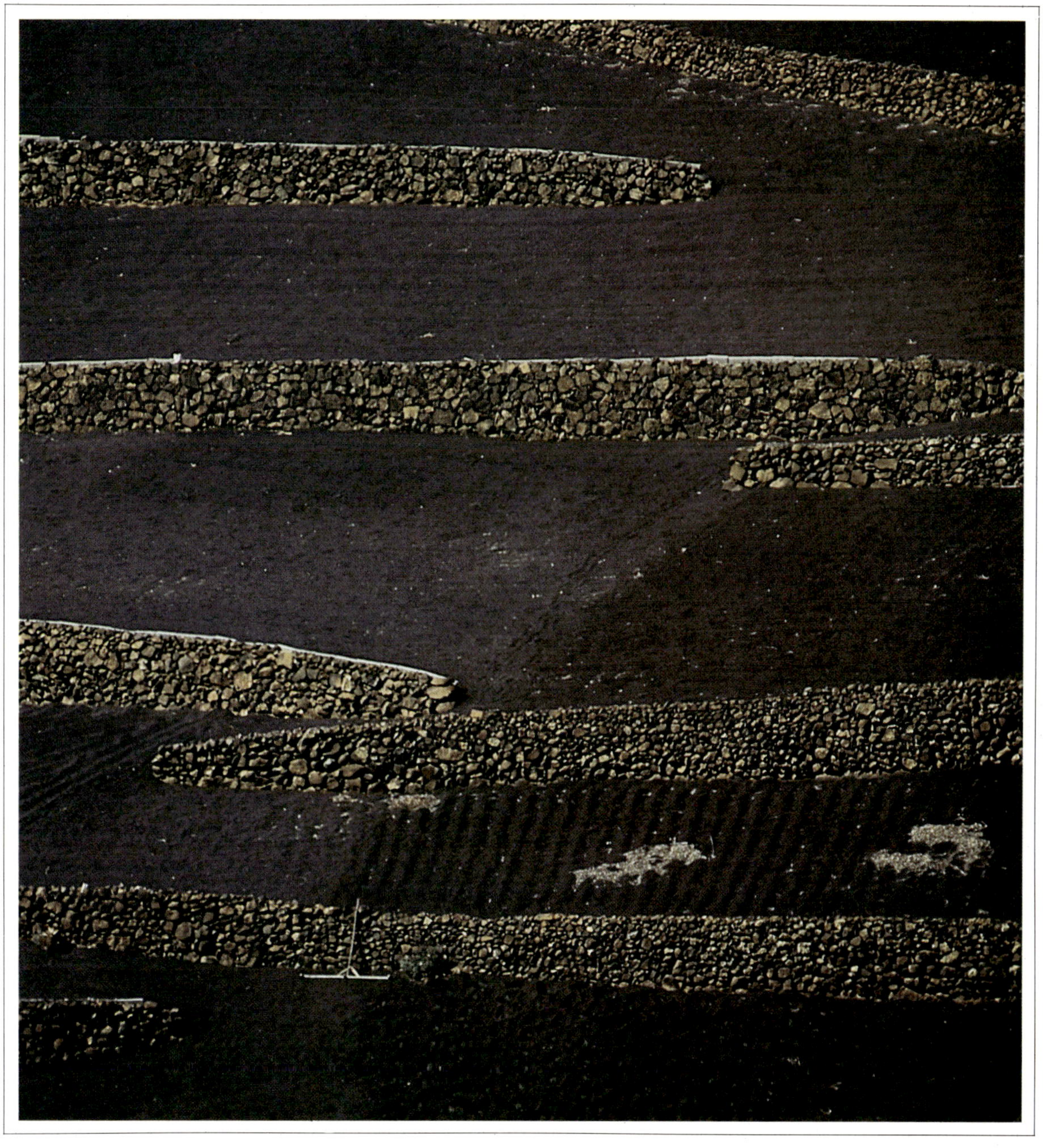

Warum läßt Du nicht alles stehen und liegen, haust ab, steigst aus? Du glaubst nicht, wie wenig der Mensch wirklich zum Leben braucht."
„Ich kenne diese Theorien, die schließlich ja doch immer nur Theorien bleiben. Abgesehen davon fliegt einem auch das wenige, das man wirklich braucht, nicht zu."

„Na, ein bißchen kannst Du ja arbeiten – überall. Ich halte die Arbeit schon für ein menschliches Grundbedürfnis, aber doch nicht in dem selbstentfremdenden Ausmaß, wie Du sie betreibst."
„Selbstentfremdung, ein Schlagwort, nichts weiter! Ich fühle mich hier und jetzt ganz gewiß mir selbst weniger entfremdet, als ich mich in Deinem griechischen Dorf fühlen würde, Landarbeit verrichtend, von der ich nicht das mindeste verstehe,

und mich von Schafkäse und Ziegenmilch nährend, deren Geruch mir schon Brechreiz verursacht.
Im übrigen finde ich Euch „Aussteiger" allesamt lächerlich und unehrlich.

IRGENDWANN DIE UNZUSTÄNDIGKEIT
DER UHREN GEAHNT.
EINEN AUGENBLICK IM MITTELPUNKT
ALLER ZEITEN GESTANDEN UND DANN
ZURÜCKGEKEHRT IN DAS GLEICHMASS.

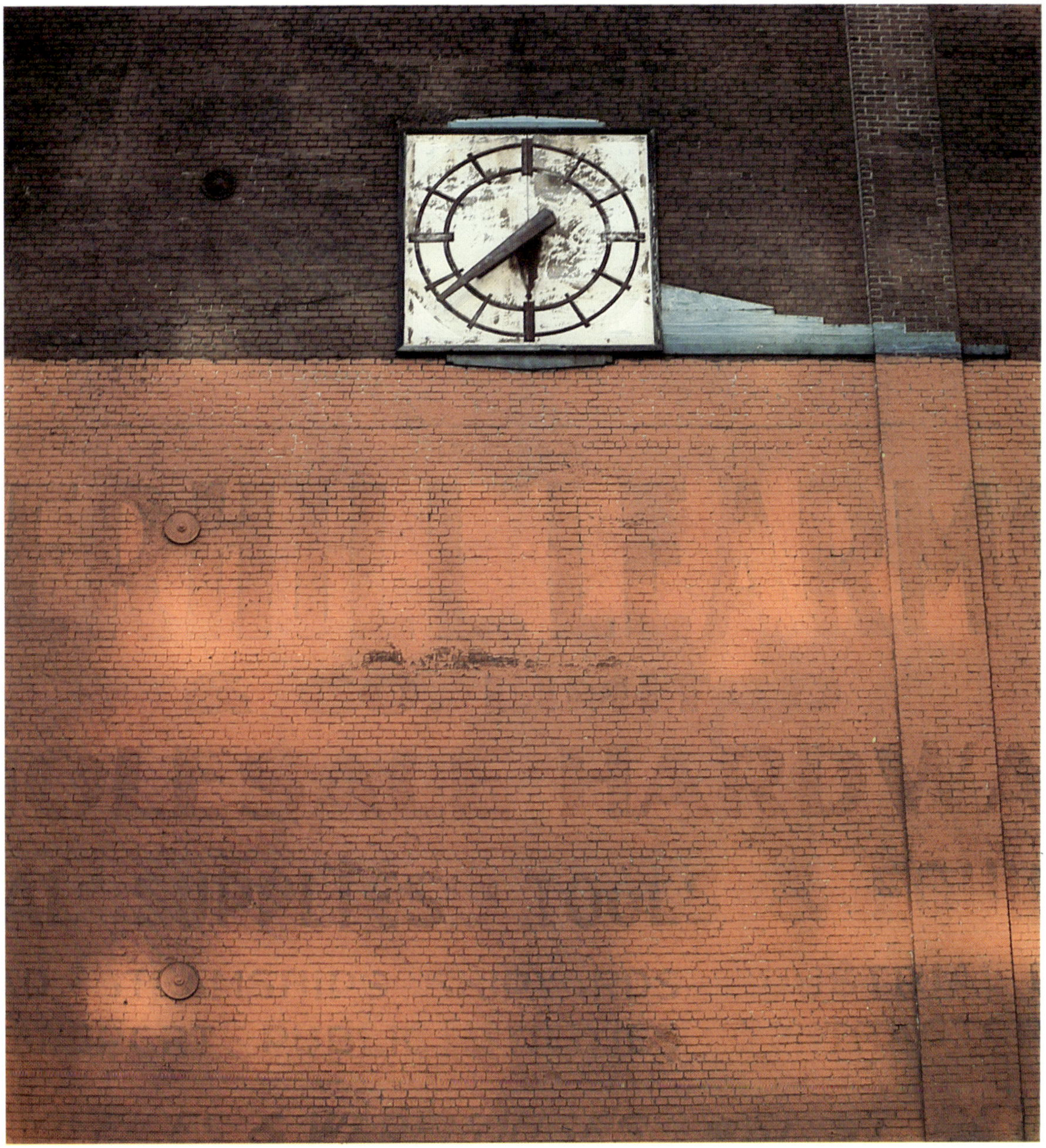

Du malst Bilder und schielst dabei längst schon wieder nach der Zivilisation und ihrem Kulturbetrieb. Bei anderen ist es lediglich eine Flucht vor der Realität und ihren Anforderungen. Du bewältigst das Leben nicht mit Lüge oder Ignoranz.

Das einzige, was mir wirklich Befriedigung verschafft, ist, mittendrin zu stehen in diesem Leben und mich der täglichen Konfrontation zu stellen."
Er hatte sich der großen Masse angeschlossen, keine Flucht konnte ihn heute mehr zu den Träumen der Jugend zurückbringen.
»Alles, wovor Du fliehen könntest oder wolltest, würdest Du zuverlässig an jeden Ort mitnehmen.«

„Ihr Zustand ist ernst, sehr ernst. Sie sollten Ihren Aufenthalt hier wirklich zum Anlaß nehmen, einmal ganz abzuschalten."
„Aber Doktor, hören Sie, die Arbeit!"

VERGIFTETE SPIELE:
VERLIEREN OHNE HASS.
GEWINNEN OHNE TRIUMPH.
GEMISCHTES DOPPEL
MIT EINGEFRORENEM LÄCHELN
AUF DEN PERFEKTEN MASKEN.

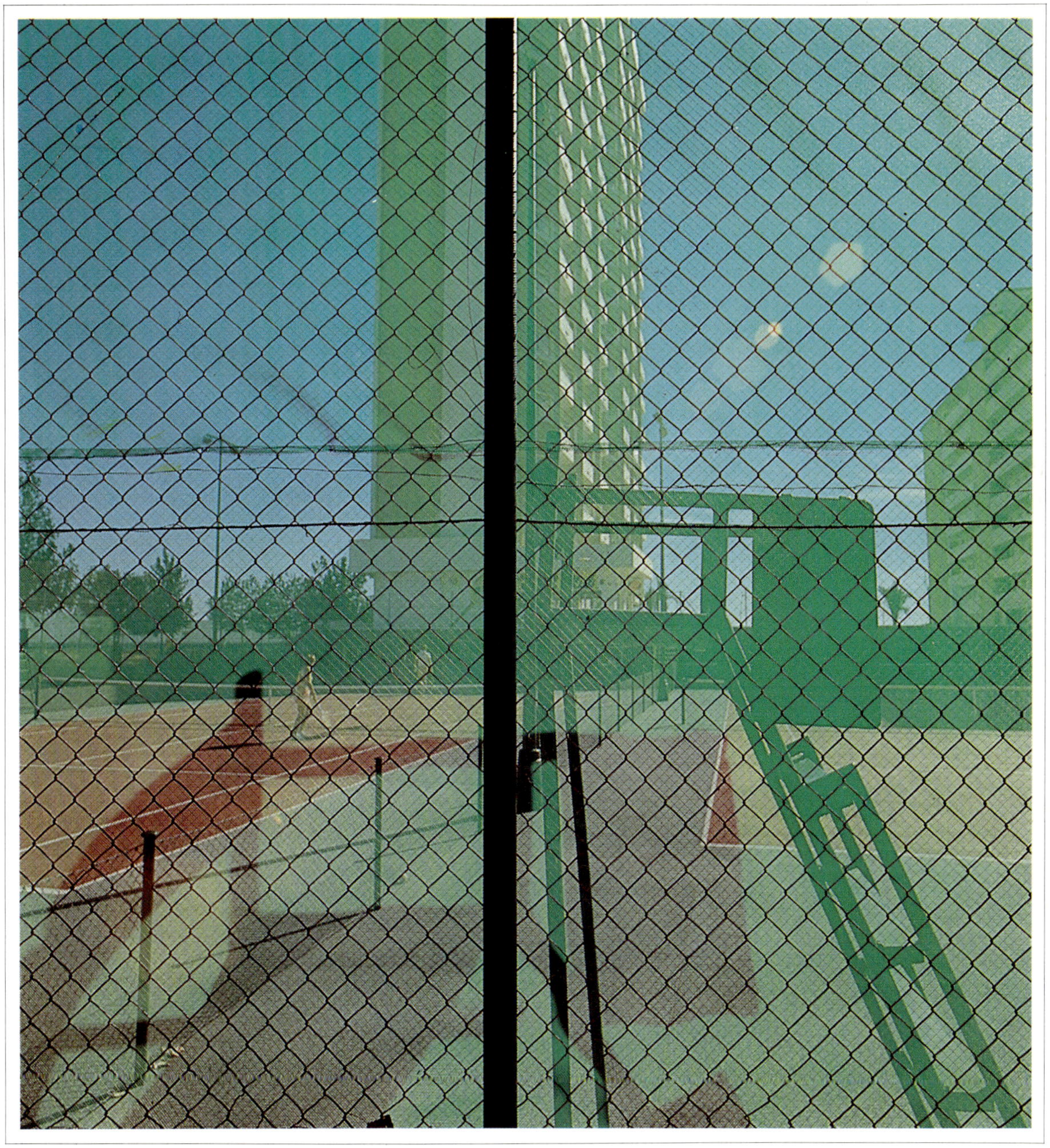

Gerade die Arbeit hat Sie hierhergebracht. Nicht, daß ich besonders dramatisieren möchte, Fälle wie den Ihren gibt es zu Tausenden. Wenn die Patienten auf der Nase liegen, macht es keinen Unterschied mehr, ob sie sich für einen Zeitungskiosk oder einen Mammutkonzern aufgearbeitet haben. Und ich mache auch in meinen Forderungen keinen Unterschied. Schalten Sie ab, stellen Sie sich so tot, wie Sie es um ein Haar gewesen wären, und das Undenkbare stellt sich schnell als das Machbare heraus. Es war völlig unsinnig, vierundzwanzig Stunden am Tag bereit zu sein, Leben und Gesundheit aufs Spiel zu setzen, denn es geht auch ohne Sie."

Das weiß ich selbst, wenn ich es auch geschmacklos finde, meine Tätigkeit der eines Zeitungsverkäufers gleichzusetzen. Aber ich sehe keinerlei Veranlassung, mir diesen Beweis meiner Entbehrlichkeit zu wünschen oder ihn gar zu provozieren."
„Sie ziehen es vor, Ihren Tod zu provozieren?"

„Kein schlechter Partner, finden Sie nicht, aber es klingt mir zu theatralisch. Ich bin ein Fall von Tausenden, hier wie überall. Lassen Sie mir ein Telefon auf mein Zimmer bringen.

ES KÖNNTE DIE ÖDE LEERE
SICH ENDLOS SPIEGELN UND FORTSETZEN
UND DAS EINZIGE GEHEIMNIS
VERBORGEN BLEIBEN.

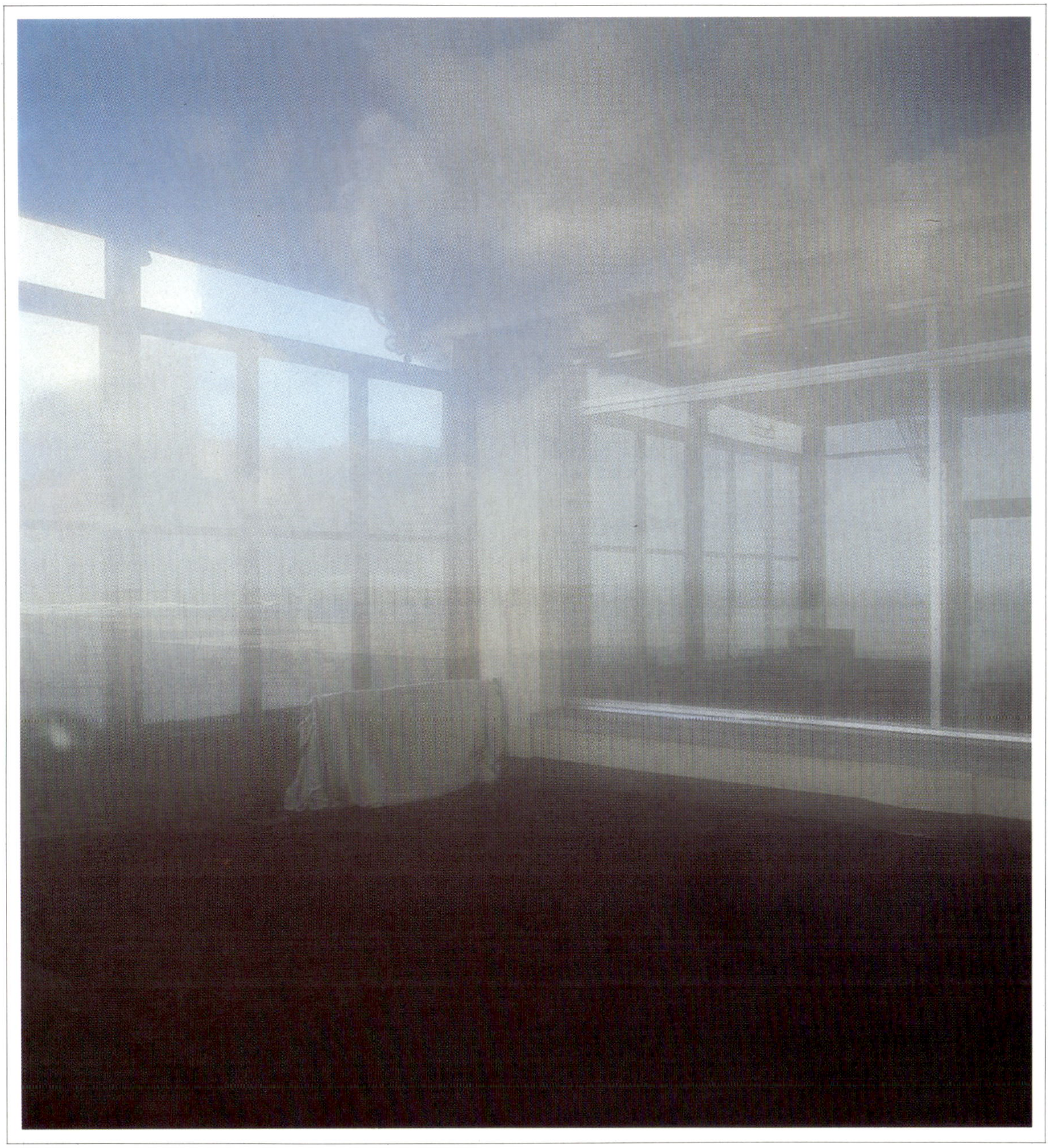

„Gezwungenermaßen lasse ich es etwas langsamer angehen, solange ich hierbleiben muß — mein erster Urlaub seit Jahren —, und danach werde ich, dank Ihrer Bemühungen, erholt und frisch weitermachen, wo ich aufgehört habe. Tot bin ich noch früh genug. Ich fände es grotesk, dem Tod entronnen zu sein, um mich — lebend — von seinen Folgen einholen zu lassen."

Der Alte drüben saß auf einem Packen Zeitungen. Es war ihm sicher zuzutrauen, daß er damit weniger einer Temperaturempfindlichkeit Rechnung trug, als vielmehr einer allgemeinen Verachtung dem Weltgeschehen gegenüber; daß er die Interpretationen denkwürdiger Begebenheiten für sich nur so als praktisch nutzbar zu empfinden vermöge. Zwei Flaschen standen an seiner rechten Seite. Die ins Bild passende Zweiliterrotweinflasche und — eher ungewöhnlich — die halbvolle eines vergleichsweise teueren Mineralwassers. Auf die Etiketten der beiden Flaschen war mit einem dickstrichigen schwarzen Stift dasselbe Symbol gezeichnet, das den Stein schmückte, den der Mann um den Hals trug.

Vor diesen beiden Flaschen lag eine Art Geflecht aus dünnem Rohr, eine kleine runde Matte, die offenbar kurz vor der Fertigstellung stand. Einige unverflochtene Ruten ragten noch hervor, kurz, und nur tauglich zur Versäuberung und Verflechtung des Randes, damit sich nicht unversehens die ganze Matte wieder auflösen könne.

IN DER URALTEN KAISERSTADT
DEM ZELTER BEGEGNET,
DER DIE PRINZESSIN
DER KNABEN-MÄRCHENTRÄUME
BRINGEN SOLLTE — UND SIE
AUCH DIESMAL NICHT BRACHTE.

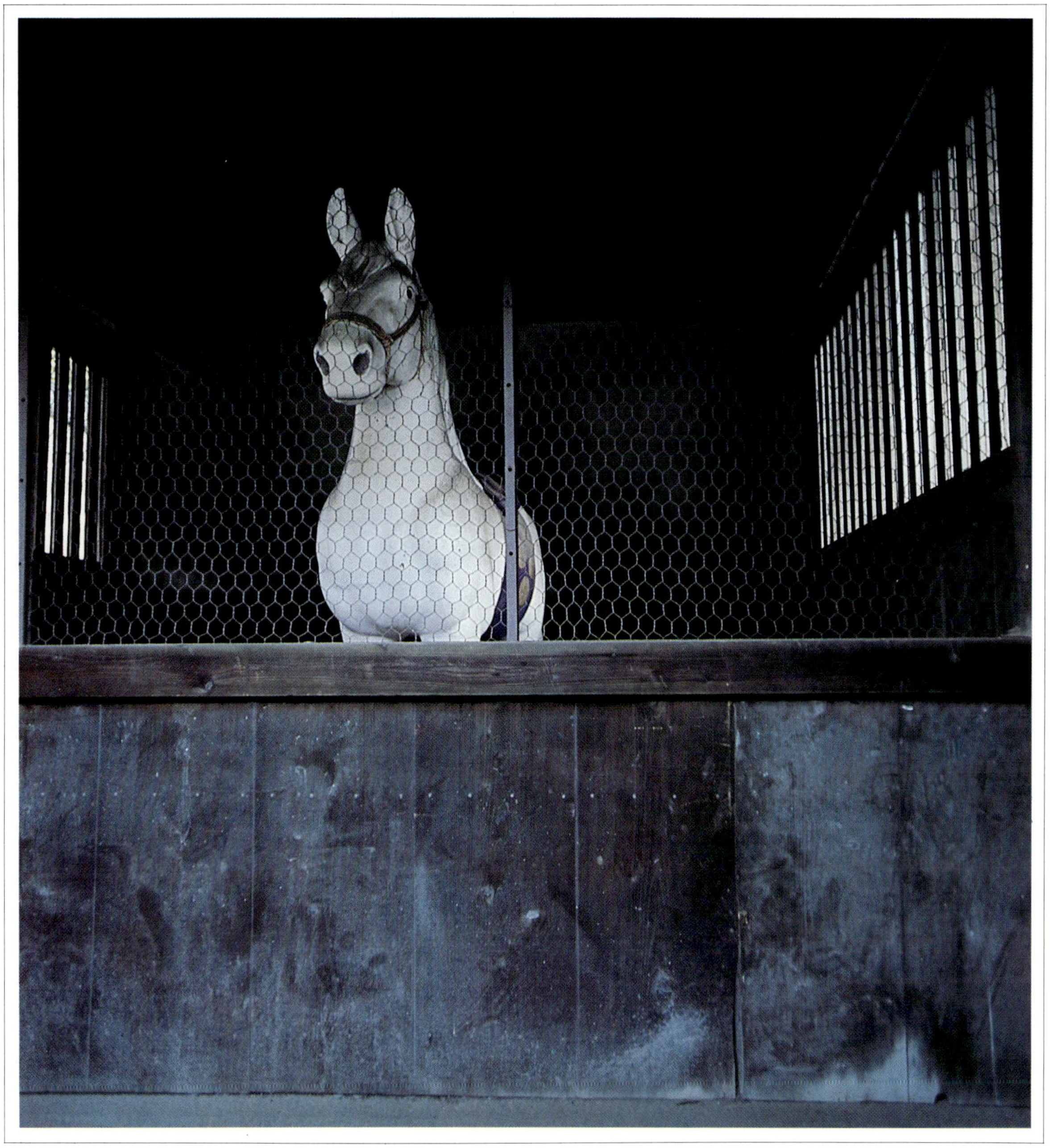

Der alte Mann schien sich dieses Geflecht selbst anzufertigen, vielleicht, um fortan vollends unabhängig von jeder Art Zeitungen zu sein.
Auf der Matte lag ein Brot, ein ehemals runder kleiner Laib, von dem etwa ein Drittel abgebrochen war, obwohl ein großes Jagdmesser aufrecht darin steckte. Er hätte irgendwie vertrauenerweckend aussehen können, dieser mit starken Händen angebrochene Laib aus erdig dunklem Roggenkorn, wenn nicht das Messer — so offensichtlich zum Brotschneiden überflüssig — bedrohlich daraus hervorgeragt hätte. Es war auch keinesfalls ein harmloses Küchenutensil. Der mächtige Griff aus Horn umfaßte eine ungewöhnlich breite Klinge, die, soweit sie sichtbar war, gefährlich scharf glänzte. Sie schien sich innerhalb des Brotlaibes weiter zuzuspitzen.

Zur Linken des Mannes stand eine schäbige Aktentasche. Sie war vermutlich gewaltsam geschlossen worden über einem bunten Wust verschiedenartiger Papiere, die an allen Seiten noch daraus hervorquollen. Seriöse weiße Briefbogen wechselten sich ab mit schreiend bunt bedrucktem Prospektmaterial.

FREUDE EMPFUNDEN
ÜBER DAS IMMER WIEDER
AUFBLITZENDE VERMÖGEN
ZU KORRESPONDIEREN.

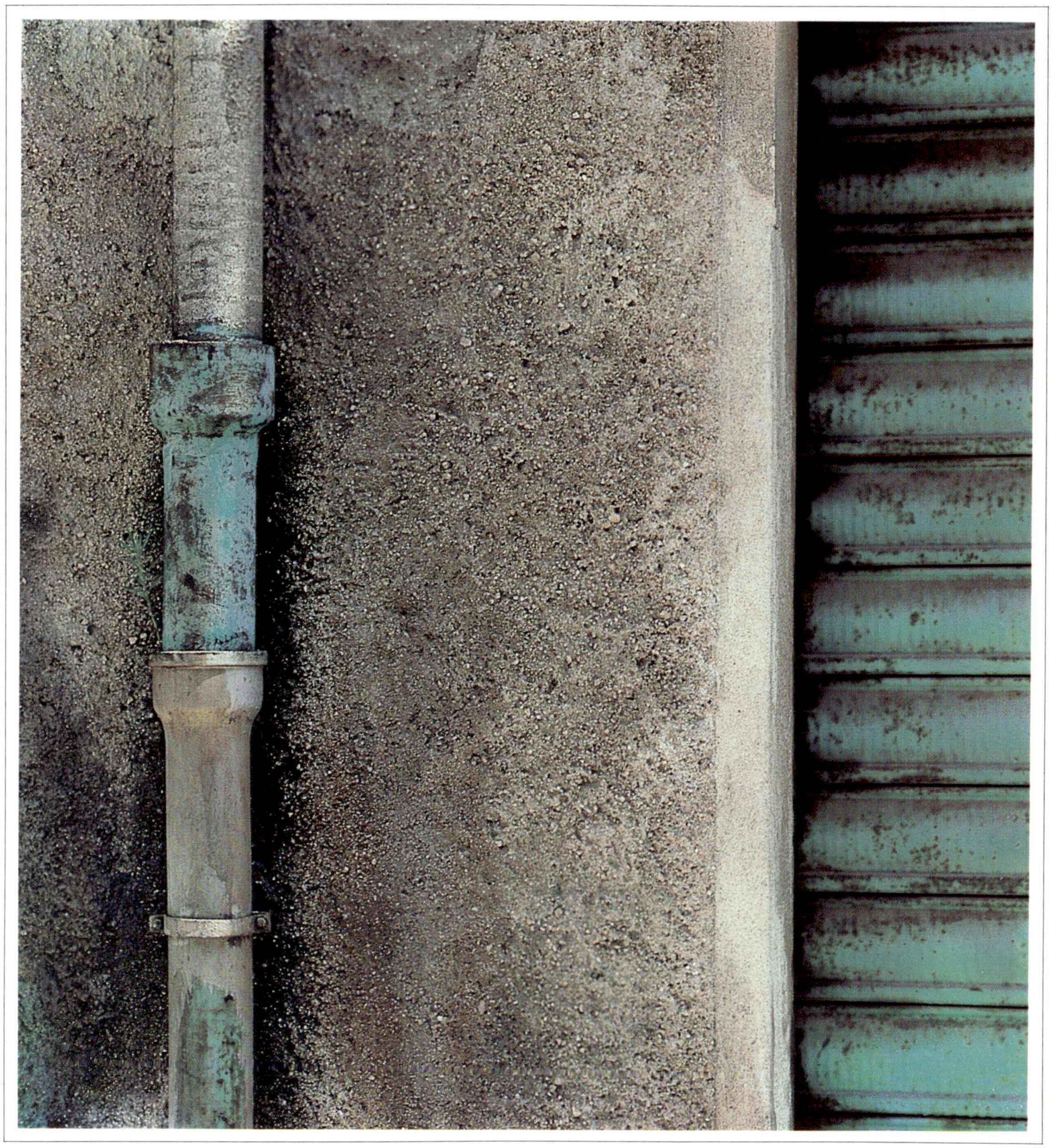

Von Weitem erweckte diese farbige und große Anzahl von Papieren den Eindruck eines vielseitig interessierten und orientierten Besitzers.
Vor der Aktentasche stand, überraschend, falls an seiner ganzen Erscheinung noch etwas als überraschend empfunden werden konnte, eine Sanduhr.

Eine Sanduhr, die, das war wegen ihrer relativen Größe – der Größe einer aufgestellten Hand – erkennbar, vor nicht allzulanger Zeit umgedreht worden sein mußte.
Die weitaus größere Anzahl der Sandkörner befand sich bereits im unteren Teil der gläsernen Figur, aber noch rieselte es von oben ständig nach. Der Sand war weiß, glitzerte manchmal signalhaft auf und floß ruhig und stetig durch die Taille des Glases. Diese Sanduhr schien darauf hinzuweisen, daß sich der Alte oft ruhig wartend oder beobachtend niederließ, wobei sie einen für ihn scheinbar wichtigen Zweck erfüllte.
Unpraktisch wäre es auf jeden Fall gewesen, sie auf allen Wegen als Zeitmesser im Arm umherzutragen. Ob er zusätzlich noch eine Armbanduhr besaß, war nicht erkennbar. Aber schon die Sanduhr stand in seltsamem Widerspruch zu seinem mutmaßlichen Lebensstil. Wem wollte er mit der Uhr eine zeitliche Begrenzung setzen?

Sich selbst, indem er nach ihrem Ablauf seine Habseligkeiten zusammenkramte, um sich ein paar Straßen weiter erneut niederzulassen, oder nahm er noch so viel Anteil an seiner Umwelt, daß er ihr ein Ultimatum, eine Gnadenfrist einräumte?
„Halten Sie sich bereit"
Es konnte so klingen, als ob ihm große Aufgaben übertragen werden sollten. Als ob ein bedingungsloses Zurverfügungstellen aller Kräfte und Erfahrungen gefordert würde.
„Entscheide Dich, die können nicht lange warten. Mach Schluß mit Deiner Wühlerei für nichts und wieder nichts. Der Mensch braucht eine Aufgabe, etwas, das es wert ist, sich dafür zu engagieren!"

DEN WEG UND
DAS ZIEL VOR AUGEN
SICH IN ENDLOSEN IRRGÄRTEN
VERLIEREN DÜRFEN.

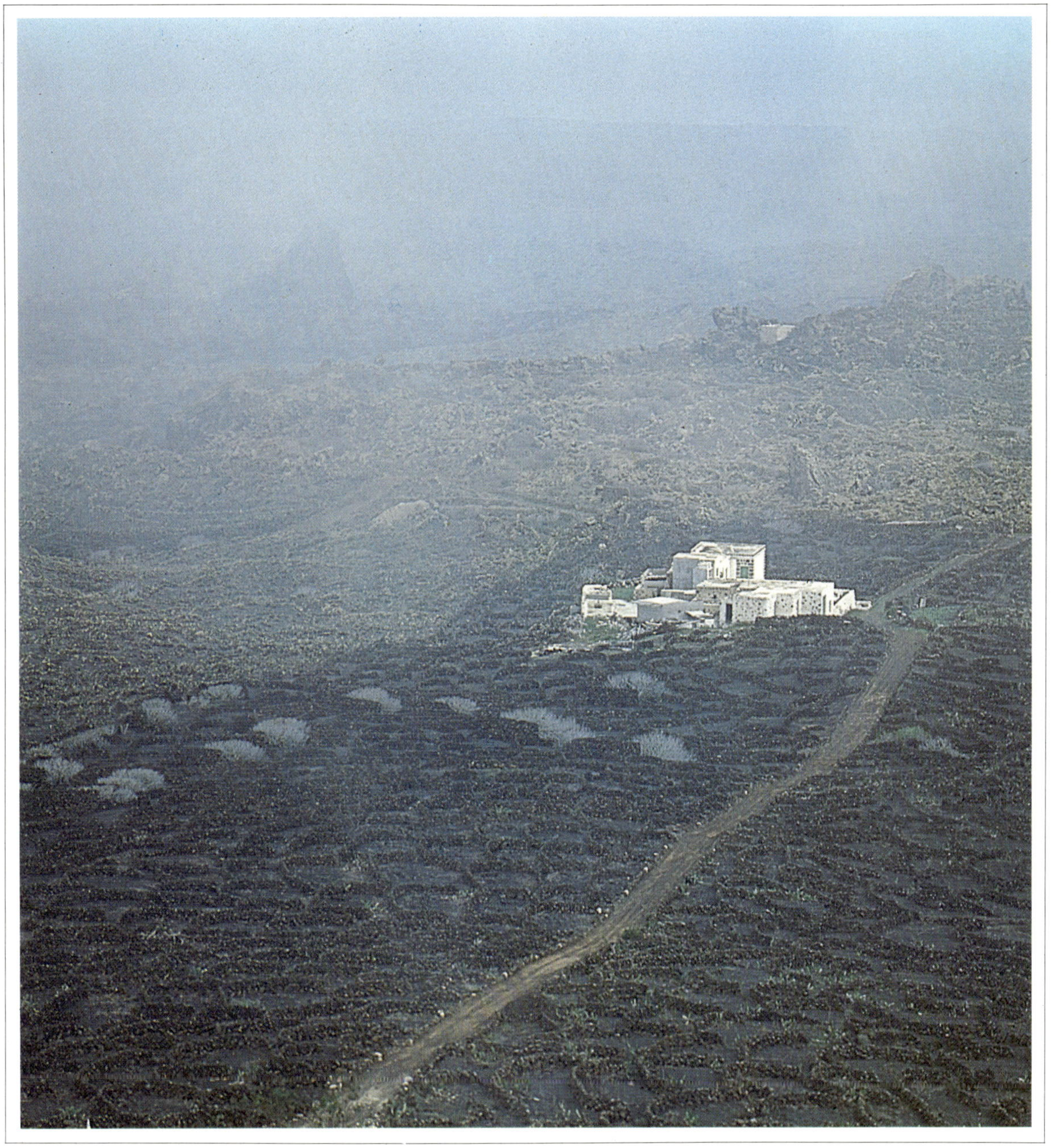

„Ich habe eine Aufgabe, und niemand kann behaupten, ich engagierte mich nicht."
„Du verwechselst etwas. Ich meine nicht schiere Aktivität, um der Aktivität willen, ich meine sinnvolle Aktivität. Ein Mensch mit Deiner Kapazität und Entscheidungsdimension ist ein Politikum und arbeitet nicht mehr im luftleeren Raum. Alles, was Du tust oder nicht tust, bewirkt etwas. Wenn Du Dir das nicht klarmachst und Deine Arbeit nicht bewußt in den Dienst einer guten Sache stellst, wirst Du in jedem Falle auf der falschen Seite stehen."

„Du bist ein Romantiker, ein Phantast, Du machst es Dir zu einfach. Dir scheint das Engagement für einen sozialistischen Entwicklungsstaat auf jeden Fall gut und das für einen Multi auf jeden Fall schlecht. Das ist so rührend naiv, daß ich Dich fast beneide."

„Du bist gemein, weil Du genau weißt, daß keine große Idee ohne Simplifizierungen auskommt."
„Darum geht es mir gar nicht. Es geht mir darum, daß ich, das angebliche Politikum, auch eine Idee habe, keine große in Deinem Sinn, aber eine, die mir groß genug erscheint.
Ich will den Platz behaupten, auf dem ich stehe, will eine Sache nach meinem Willen formen und entwickeln, mir vielleicht auch die Zähne daran ausbeißen.

ZÄH UND UNERMÜDLICH
AM SICHEREN AUFSTIEG GEBAUT.
STEIN AUF STEIN GETÜRMT
NICHT RECHTS, NICHT LINKS GESCHAUT —
UND DANN GESEHEN, DASS ANDERE FLIEGEN.

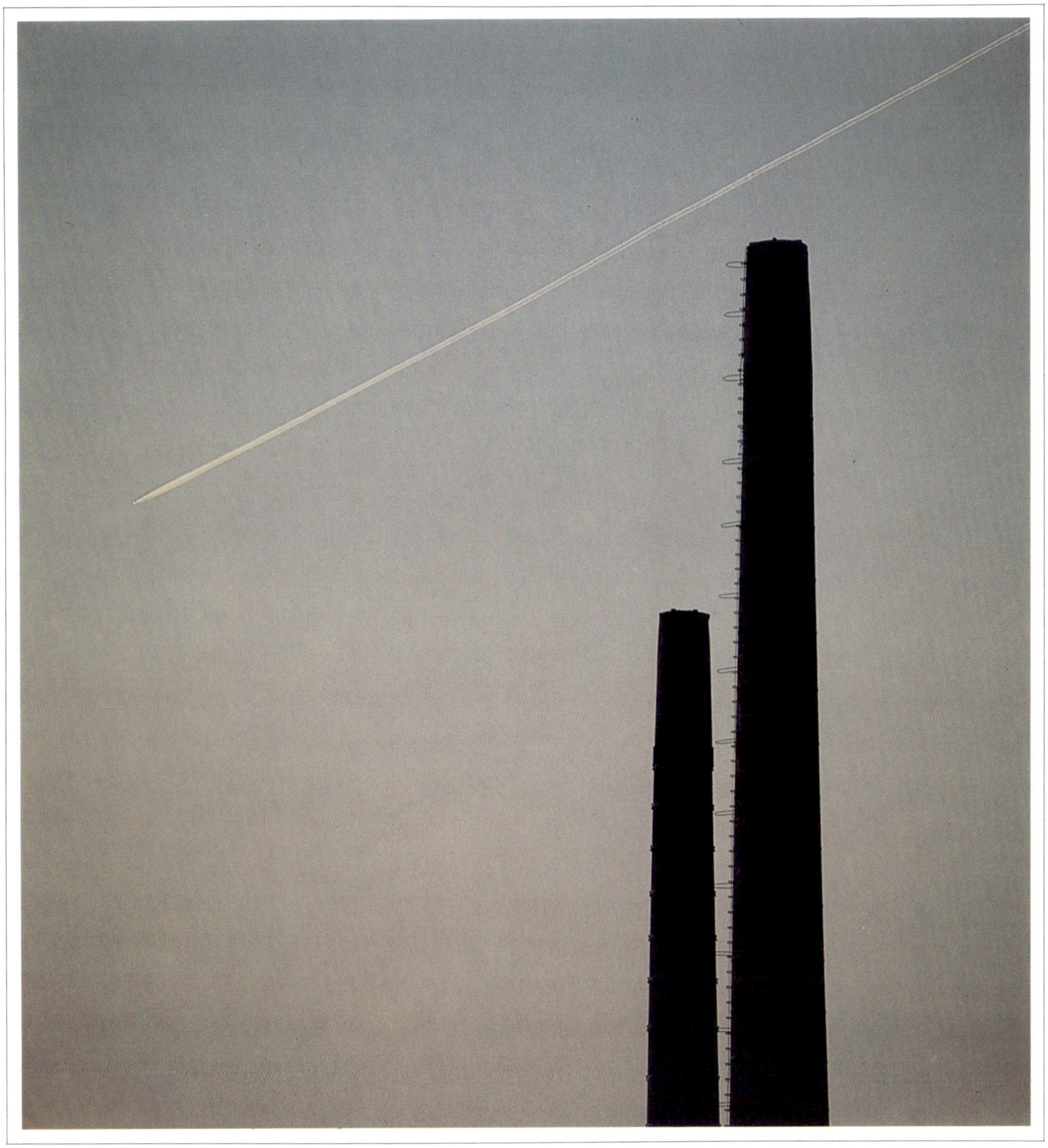

Jedenfalls habe ich keine Lust, die Früchte meiner Arbeit andere ernten zu lassen."
Große Aufgaben! Einen kurzen Augenblick fühlte er sich freudig erschrecken.
Jetzt, wo er zu altern begann? In diesem Augenblick schob sich ein unbekannter, unbestimmter Schmerz vom linken Schulterblatt ausgehend zur Brust hin vor. Könnte es das noch einmal geben? Aufgaben — es mußten schon neue Aufgaben sein, ganz neue.

»All das, was Du beherrschst, ein Leben lang gemacht hast, dürfte es nicht sein. Würdest Du das jetzt noch können? Nicht an Geschäfte denken, eine Krankenstation im Urwald errichten? Uralte Kindheitsträume, die sich am Leben eines alten Herrn mit Tropenhelm und gütigem Schnurrbart orientiert hatten.

Warum hast Du all das so gründlich aus den Augen verloren?«

MANCHMAL INMITTEN DER ANONYMITÄT
EINEN WARMEN SCHLUPFWINKEL GEFUNDEN.
MANCHMAL
SCHUHE UND HAUT ABGESTREIFT
HINGABE GESCHENKT UND ERFAHREN.

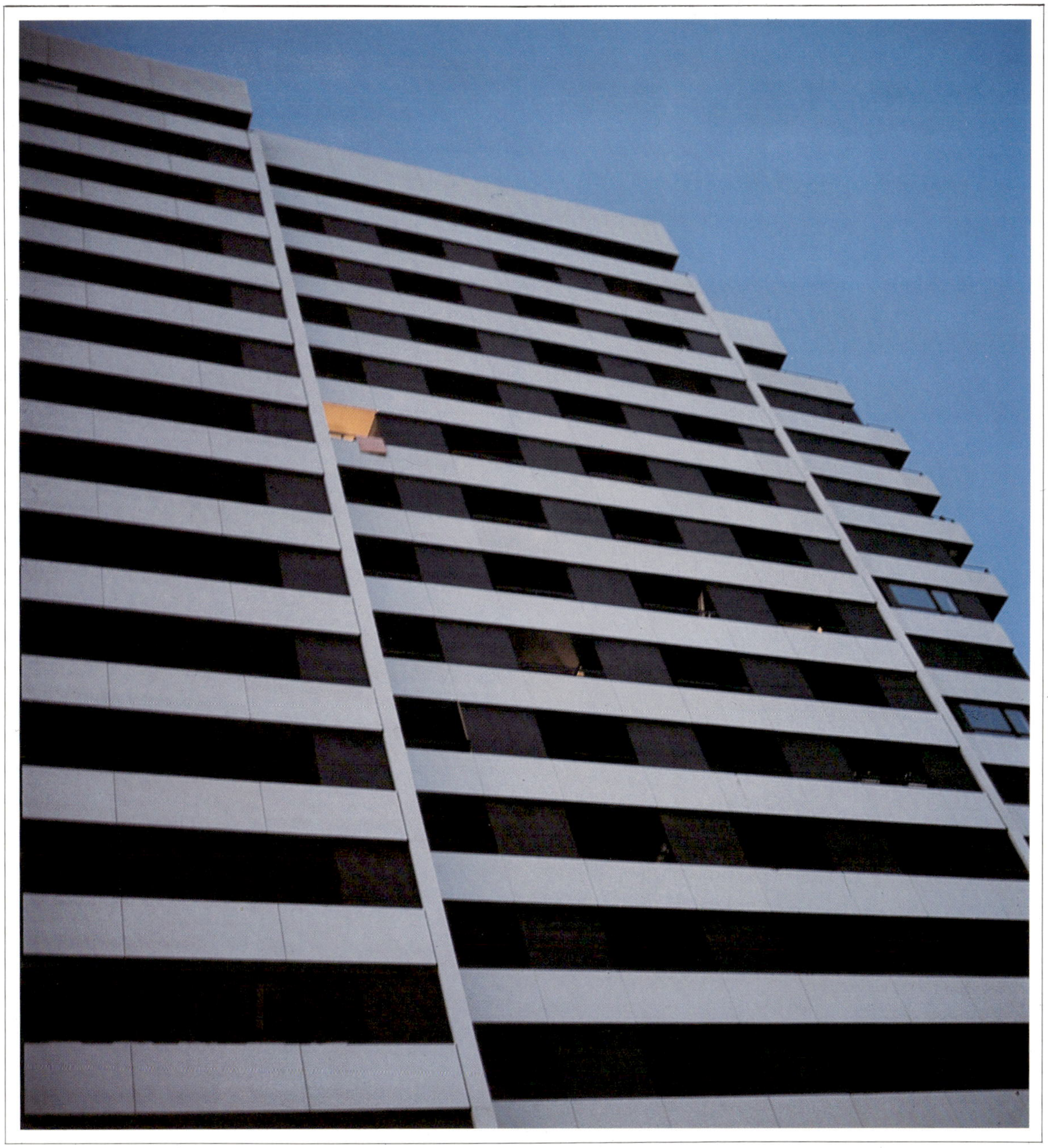

„Na, Kleiner, welchen Beruf willst Du denn später lernen?" Sie stellten ihm immer die gleiche Frage, weil ihnen seine Antwort durch diese typische Erwachsentratscherei längst geläufig war.
Zuverlässig wie ein kleiner Automat riß er seine blauen Unschuldsaugen auf und sagte: „Albert Schweitzer!"

Folgsam sagte er es noch – weil er fühlte, was erwartet wurde, womit er Erfolg haben würde –, als er schon längst wußte, daß etwas nicht stimmte. Sie enthielten ihm wieder einmal – wie so oft – eine Information vor, schmunzelten über seine Antwort, und als er endlich den Anlaß ihrer stillen Heiterkeit kannte, lächelte er über sie, über ihre leicht zu befriedigende Art von Humor.

»Könntest Du das jetzt noch wollen: Dich selbstlos und ohne Seitenblick auf Gewinnspannen und Zuwachsraten zur Verfügung stellen?«

DIE FÄHIGKEIT ERWORBEN,
RISSE UND LÜCKEN,
ZÄRTLICHKEIT UND TRAUER
HINTER SCHÖN COLORIERTEN
FASSADEN ZU ERKENNEN.

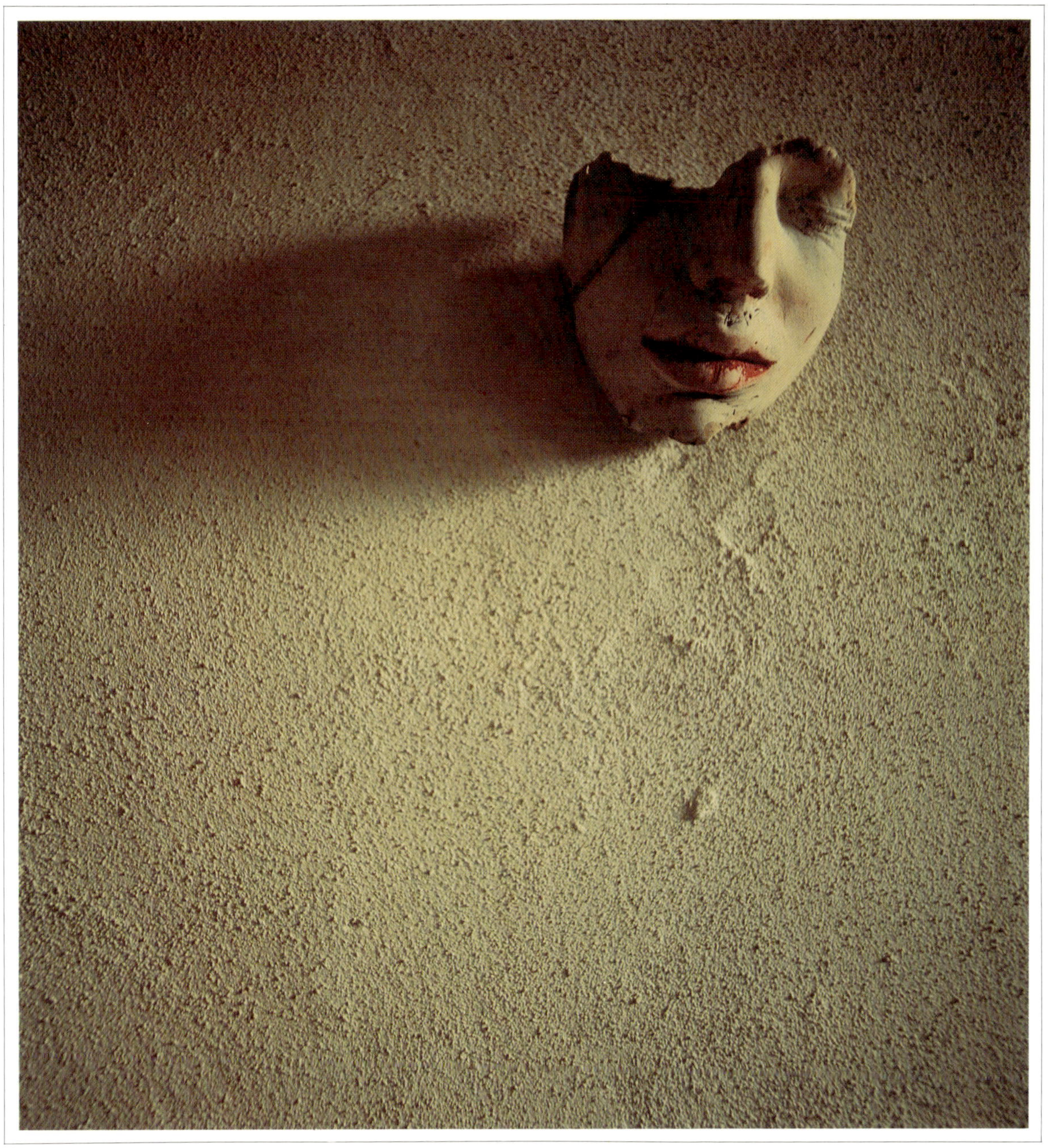

Selbstlos, was für ein Wort! Macht es einen Unterschied, ob sich die Seitenblicke auf materiellen Gewinn richten oder auf den Ruhm, die ewige Seligkeit oder die Dankbarkeit? Selbstlos sind nur die Toten!
Endlich hatte der Alte drüben seinen Kopf ganz erhoben. Noch beschattete die Krempe des Hutes den Blick, aber die untere Hälfte des Gesichtes war schon deutlich erkennbar. Eine sonderbare Übereinstimmung mit dem Amulett schien dieses Gesicht zu haben. Es war von vielen tiefen Falten durchzogen, aber nicht bleich und welk, sondern gut durchblutet und von jenem rötlichen Braun, das die Haut der Menschen annimmt, die sommers wie winters viel Zeit unter freiem Himmel zubringen. Es sah nicht jung aus, dieses Gesicht, aber auch nicht alt. Der Mund schien voll und weich zu sein; wegen seiner scharf umrissenen, klaren Linien aber auch schmal und entschlossen. Die Falten um diesen Mund standen in merkwürdigem Kontrast zueinander.

IMMER SIND ENTSCHEIDUNGEN
GETROFFEN WORDEN
RICHTUNGEN EINGESCHLAGEN.
DIE SIEBEN LEBEN EINER KATZE
ERGÄBE DIE SAMMLUNG DER ALTERNATIVEN –
UND SIEBEN LEBEN VERSÄUMT.

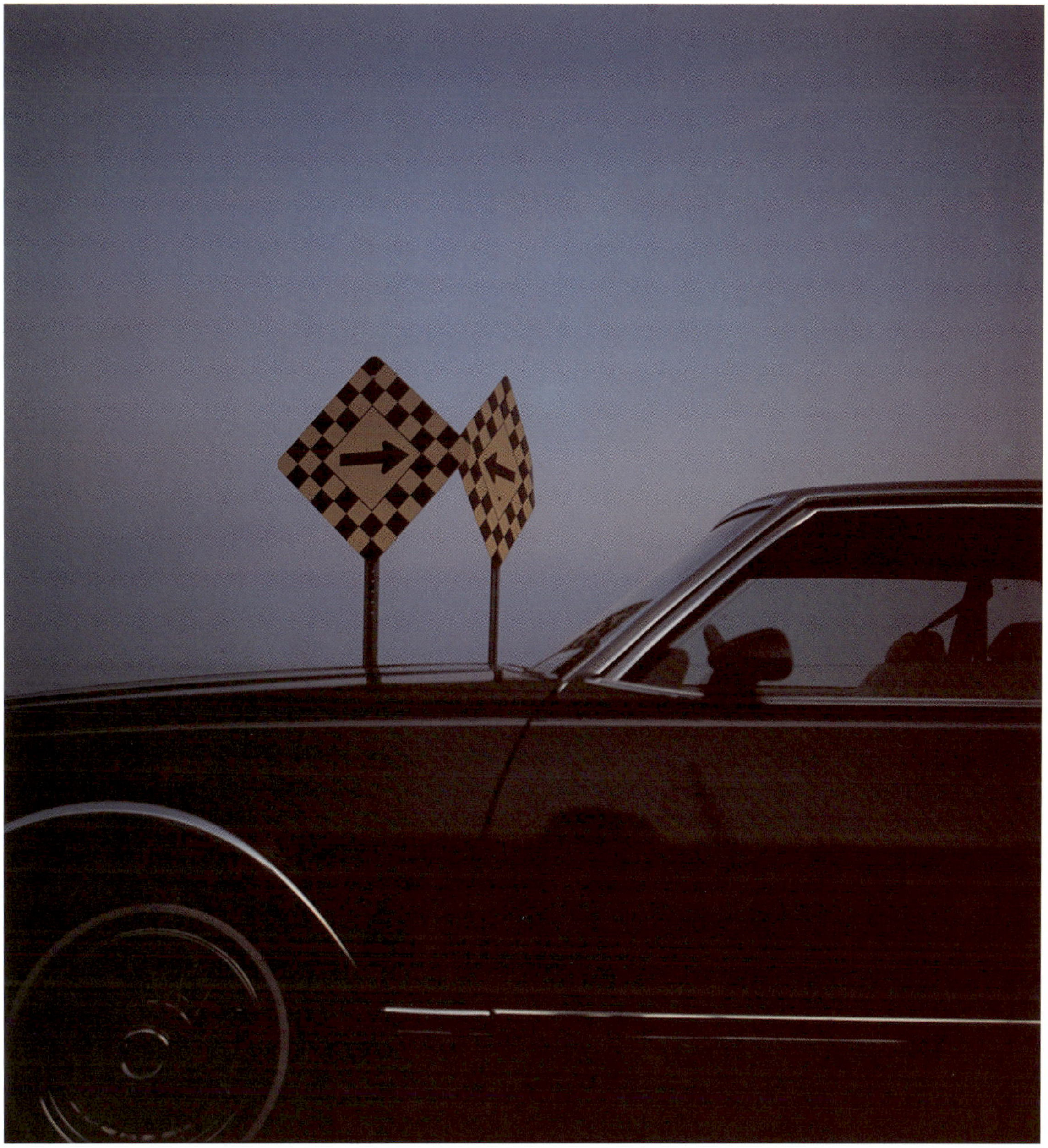

Eine – von den Nasenflügeln ausgehende – tiefe Furche zog die Mundwinkel verächtlich abwärts, andererseits deuteten viele, in Wellen von den Mundwinkeln bis weit in die Wangen hineinreichende Bögen, Heiterkeit an.
Die schmalrückige Nase hätte als edel, fast klassisch gelten können, wäre sie nicht vorne in zwei Nüstern ausgelaufen, die neugierig aufgebläht wie bei einem Pferd, den Eindruck störten. Die im oberen Teil vornehm asketische Nase spitzte sich gierig, fast brutal zu. Seine Augen blickten aufmerksam in Richtung des verklungenen Geräusches. Sie waren groß und tiefliegend, die Farbe nicht genau erkennbar. Am ehesten mochten sie die Färbung dunkler Kieselsteine haben. Die bläulichen Schatten darunter schienen die Wachsamkeit des Blickes noch zu verstärken und gaben gleichzeitig dem ganzen Gesicht etwas Leidendes.
Zudem hatten die Augen einen auffallend jugendlichen Glanz und der Blick war erfüllt von gespanntem Interesse, das sich keinesfalls mit Alter und Resignation vereinbaren zu lassen schien.

BLEIBT MEHR
ALS EIN SCHATTEN
BENANNT UND NUMERIERT?
BLEIBT MEHR
ALS EIN RAHMEN
UM EINE LEERE FLÄCHE?

GRÄF & STIFT

BB 6
208

In den äußeren Augenwinkeln begann sich ein Kranz feiner Lachfältchen zu bilden, die Mundwinkel schienen sich im Gegensatz dazu verächtlich herabzuziehen, so daß im Ganzen der Eindruck von Schadenfreude entstand. Oder war es Freude, getrübt von Schmerz, Trauer, aufgehoben von Heiterkeit?

„Halten Sie sich bereit"
Der Henker könnte mit diesen Worten die Todeszelle betreten. »Wärest Du bereit, hier in der Hotelhalle pünktlich den Tod zu erwarten? Warum nicht? Die Zeiten, in denen Du Dich für unersetzlich gehalten hast, sind vorüber. Mehr oder weniger geschickte Geschäfte können auch andere machen. Projekte werden entworfen und ruiniert, vor und nach Deiner Zeit.
Auf keinem Platz bist Du unentbehrlich. Keiner könnte – an diesem Punkt angelangt – etwas anderes denken, falls er nur ehrlich zu sich wäre. Keiner, selbst wenn er sich unentbehrlicher gemacht hätte, Menschen um sich versammelt, Geliebte, Liebende, die Menschheit mit „Werten" beglückt hätte, keiner könnte sich im Angesicht des Todes für unersetzlich halten und erklären!«

Einer mußte dabei die Rolle des Henkers spielen, mußte „Halten Sie sich bereit" geschrieben haben, in der festen Absicht, ihn für ein Vergehen mit dem Tode zu bestrafen.
Angst! Hatte er je Angst gehabt? Er hatte das Gefühl, daß seine Knie jeden Augenblick nachgeben könnten.
Nie, niemals hatte er Angst gehabt. Angst gehörte zu den Regungen, die er sich nie gestattet hatte.
»Wen könntest Du so aufgebracht haben, daß er einen vorsätzlichen Mord beginge?«
Natürlich gab es sie, die ewigen Verlierer am Rande des Weges, die Bankrotteure, Glücklosen und Verlassenen.
„Was ich nicht begreife: Warum haben Sie dieses Angebot gemacht? Sie wissen doch ebensogut wie ich, wo unser Limit liegt."

EIN STRAHLEND GOLDENER DISKUS SEIN
IN EINER NACHT DER UNWISSENHEIT.
EIN FREIER UNERBITTLICHER DISKUS SEIN
GEGEN DEN KÄFIG DER KONVENTION.

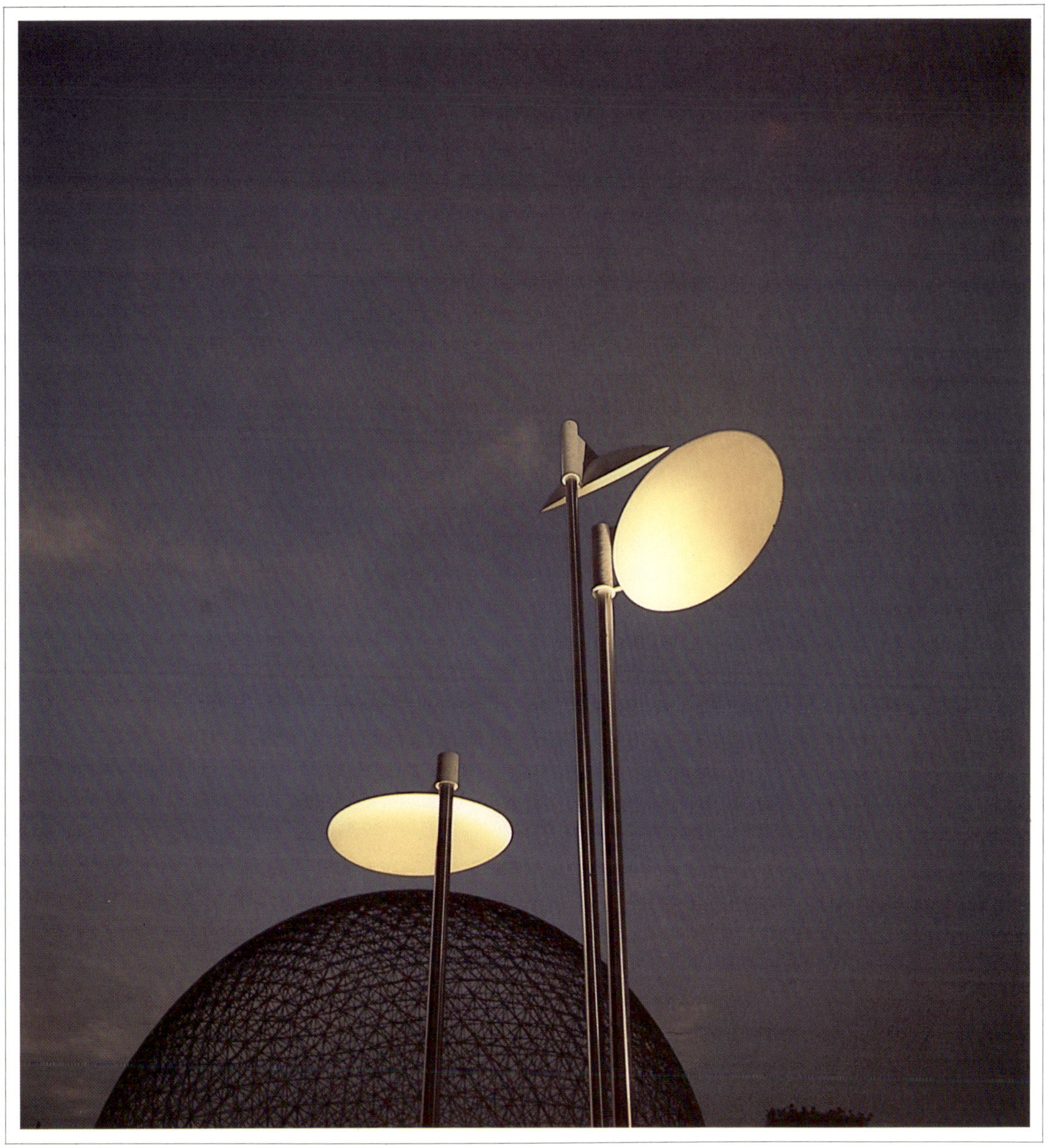

„Ich habe fest damit gerechnet, daß bei einer solchen Stückzahl etwas geändert werden kann."
„Natürlich, mein Lieber, natürlich könnte man dran drehen, es gäbe so mancherlei Mittel und Wege, nur überschreiten solche Maßnahmen Ihren Kompetenzbereich. Erkundigen Sie sich mal in der Fertigung, ob die Ihnen die schlechtere Ausführung unter der gleichen Bezeichnung liefern, und das ohne meine ausdrückliche Anweisung."
„Und könnten Sie nicht..."
„Ich kann mein Lieber, ich kann, aber nicht für Sie!

Wenn ich schon meinen Kopf dafür hinhalten muß, dann ziehe ich mir auch den Millionenauftrag selbst an Land. Sie haben entschieden aufs falsche Pferd gesetzt und können gehen. Ich schätze Mitarbeiter nicht, die ihre Befugnisse überschreiten!" Söhne vielleicht, Söhne vergessener Mütter — nicht lange genug geliebt, um die Saat aufgehen zu sehen?

„Er hätte so gerne Kinder, aber er hat die Bestätigung von mehreren Kapazitäten, daß er keine zeugen kann. Manchmal habe ich das Gefühl, er glaubt selbst immer noch nicht so recht daran und wartet jedesmal aufs neue, daß es ausbleibt. Das rührt mich, und ich wollte, ich könnte ihm helfen."

IMMER AUF DER SEITE
DES LEBENS GESTANDEN
UND DIE UMRISSE DES TODES
NUR DURCH GLÄSERNE
WÄNDE WAHRGENOMMEN.

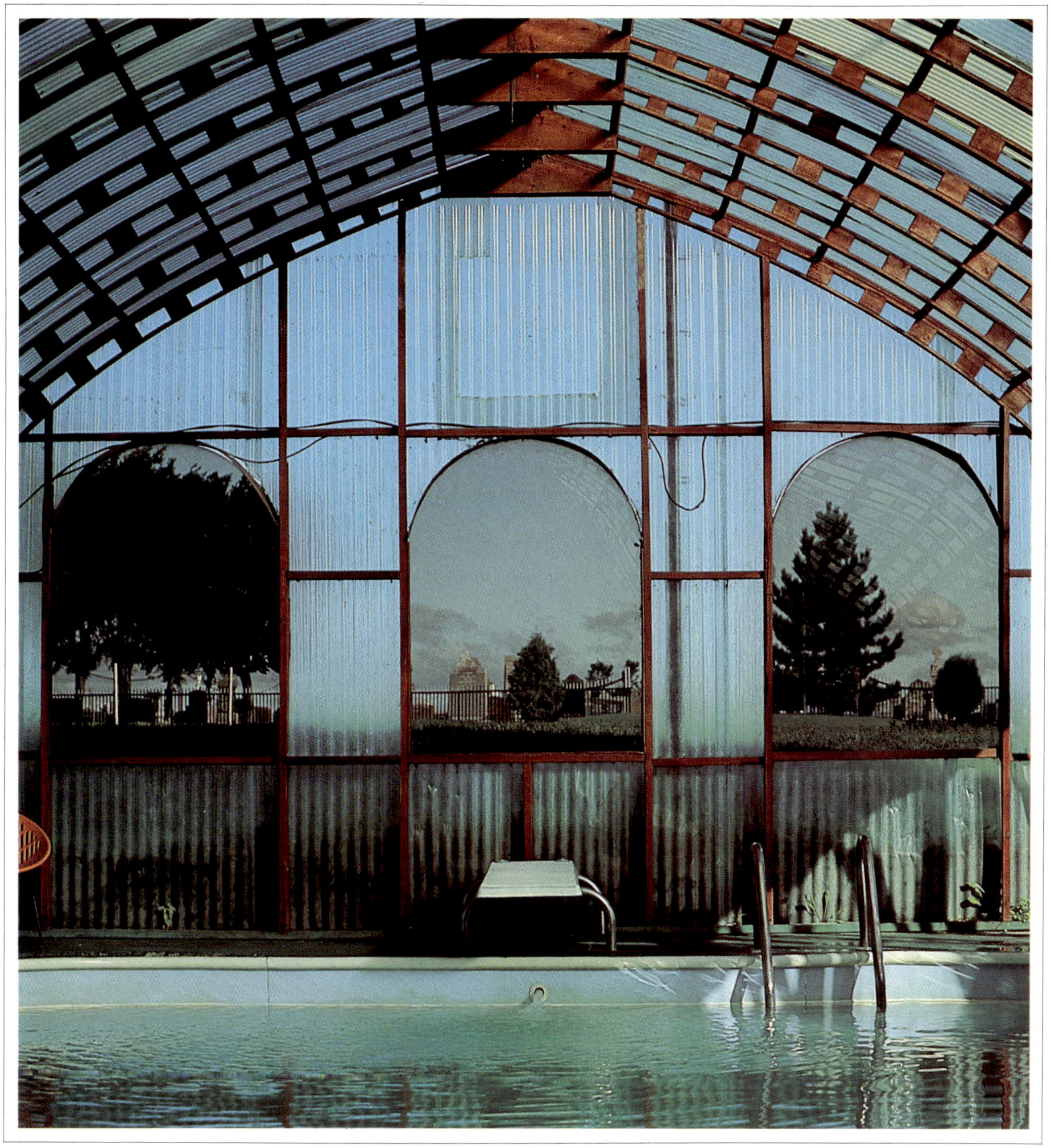

"Möchtest Du denn Kinder?"
"Ich weiß nicht, irgendwie haben wir uns auf ein Leben ohne Kinder eingerichtet. Lange habe ich gar nicht daran gedacht, weil noch zu viel anderes fehlte. Als mir nichts mehr einfiel, was ich mir hätte wünschen können, habe ich ein Studium begonnen. Im Grunde alles nur Ersatzhandlungen. Wahrscheinlich bräuchte ich auch keinen Geliebten, wenn ich mir durch das Gebären und Aufziehen von Kindern beweisen könnte, daß ich eine Frau bin."
"Läßt Du es eigentlich darauf ankommen?"
"Ja."

"Ein unangenehmes Gefühl, als ob ich ohne mein Wissen und Wollen benutzt würde."
"Wahrscheinlich ist es so, ich will Dir nichts vormachen, zumal ich zu fühlen glaube, daß es Folgen haben wird."

"Das wird mein Kind sein, komm zu mir und verlasse ihn!"
"Du hast mich nicht verstanden, Liebster. Ich wollte, daß Du und nur Du der Erzeuger dieses Kindes bist, weil ich Dich liebe, anders als ihn, aber nicht mehr so, daß ich ihn deshalb verlassen könnte. Das muß Dir genügen. Der Vater des Kindes soll er sein. Ich freue mich auf seine Freude, auf seinen Triumph über die ärztlichen Gutachten."

EINES TAGES DEN NAMEN GEKANNT,
DEN DER MANN IM MOND TRÄGT UND
SICH UM VIELE MONDE
BETROGEN GEFÜHLT.

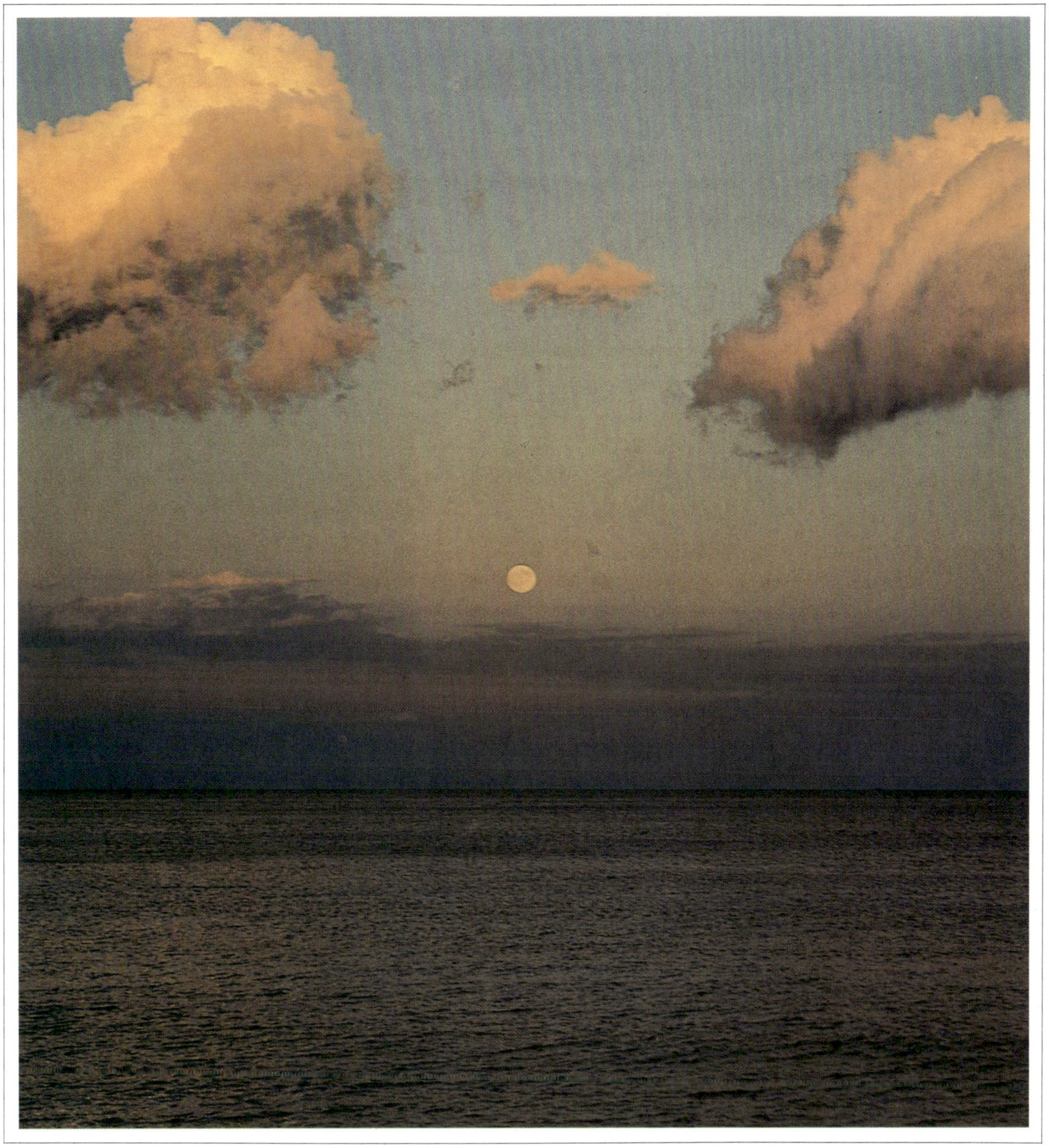

Aber das kann doch nicht Dein Ernst sein! Es ist mein Kind, ich bin sein Vater!"
„Ich werde es meinem Sohn – und es wird ein Sohn, das fühle ich – erzählen, wenn er erwachsen ist, nicht früher. Diese Entscheidung mußt Du mir überlassen. Warum hast Du mich eigentlich vorher nie gefragt? Du kannst ja hier bleiben, in unserer Nähe.

Ihr könnt Euch kennen und vertraut sein, dann wird es einfacher für ihn sein, wenn er es erfährt."
„Wie rührend. Falls er noch Schwestern braucht, Dein Sohn, wäre es wohl praktisch, mich in der Nähe und verfügbar zu wissen. Ich danke für die Rolle als Zuchtobjekt, ich will von Euch nichts mehr wissen, weder von Dir noch von Deinem Kind."
Oder Gewinner, andere, neue, nachrückende Gewinner, denen er im Wege stand?
„Finden Sie nicht, daß Neumann die Sache fabelhaft gemanagt hat?"

„Ich finde seinen Erfolg weder fabel- noch märchenhaft, weil ich weiß, daß nichts Wunderbares daran ist, die Früchte präzisester Vorarbeiten zu ernten!"
Und diese Vorarbeiten haben alle Sie geleistet, ich weiß, ich weiß. Schließlich sind Sie ein alter Fuchs, und das hat unbestreitbare Vorteile."

BRETTER UND MAUERN
KÖNNTEN PLÖTZLICH
UND UNERWARTET
ALLE WEGE VERSTELLEN.

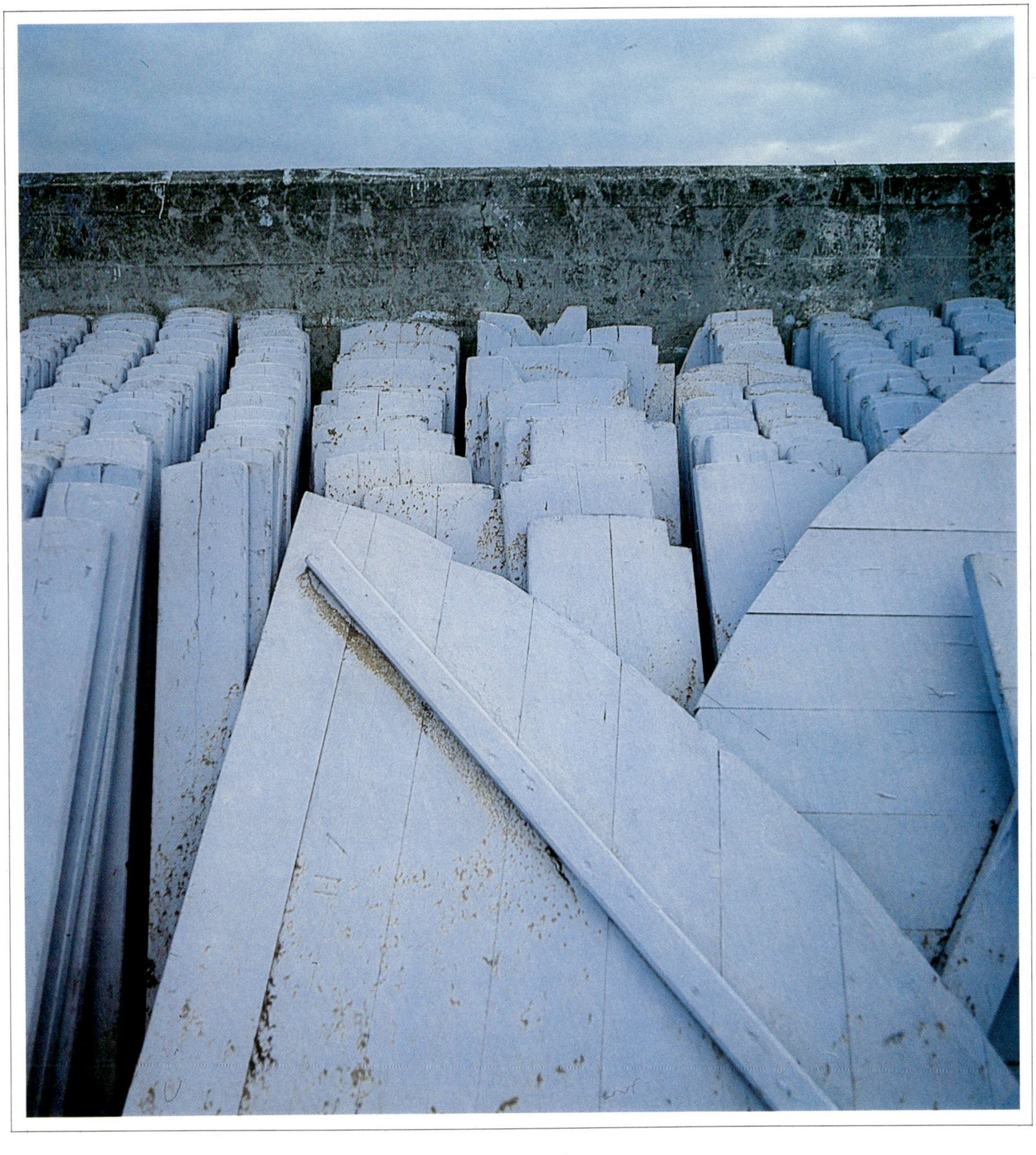

"Was soll das heißen?"
"Es hat unbestreitbar auch Nachteile. Das Knowhow ist keine feste Größe. Es verändert sich, paßt sich den Gegebenheiten an, und deshalb sind neue Leute, ein frischer Wind, absolut unerläßlich."
"Hatten Sie jemals Grund zur Klage?"
"Nie, niemals. Ich pflege allerdings auch nicht zu warten, bis ich welchen habe!"
Oder doch zu guter Letzt nur der Börsenbote?

"Ich gratuliere, Sie haben soeben das Vermögen Ihres Konzerns und damit wohl auch ihr privates Vermögen verzehnfacht!"
Oder: "Es tut mir leid, Sie sollten sich einen anderen Informanten suchen, Sie werden sich allerhand einfallen lassen müssen, um diesen Verlust wieder auszugleichen."
Vielleicht wäre das als Wink des Himmels aufzufassen, endlich doch etwas von dem nachzuholen, was er im Laufe des Lebens versäumt hatte?
Plötzlich kam wieder Bewegung in den Alten auf der gegenüberliegenden Straßenseite.

Er nahm langsam die kräftigen Hände von den Knien, stützte sie auf die Straße, stellte die Sohlen auf den Boden, zog allmählich die Knie an und stand unvermittelt aufrecht da, als ob er von unsichtbarer Hand nach oben gezogen worden wäre. Dabei blickte er ruhig und unverwandt mit diesem aus Trauer und Heiterkeit gemischten Ausdruck herüber. Im Grunde hätte er lächerlich aussehen müssen mit dem Mantel, dessen Saum irgendwo zwischen Knie und Gesäß endete, dessen Ärmel viel zu kurz waren und dessen Farbe in allen denkbaren Graubabstufungen spielte.

EINE HEIMAT HABEN ...
EINE ZUFLUCHT FÜR ALLES, WAS VERLETZLICH IST,
EIN ASYL, WO KEINE ABURTEILUNG STATTFINDET,
UND VIELLEICHT AUCH ...
JEMANDEM EINE HEIMAT SEIN.

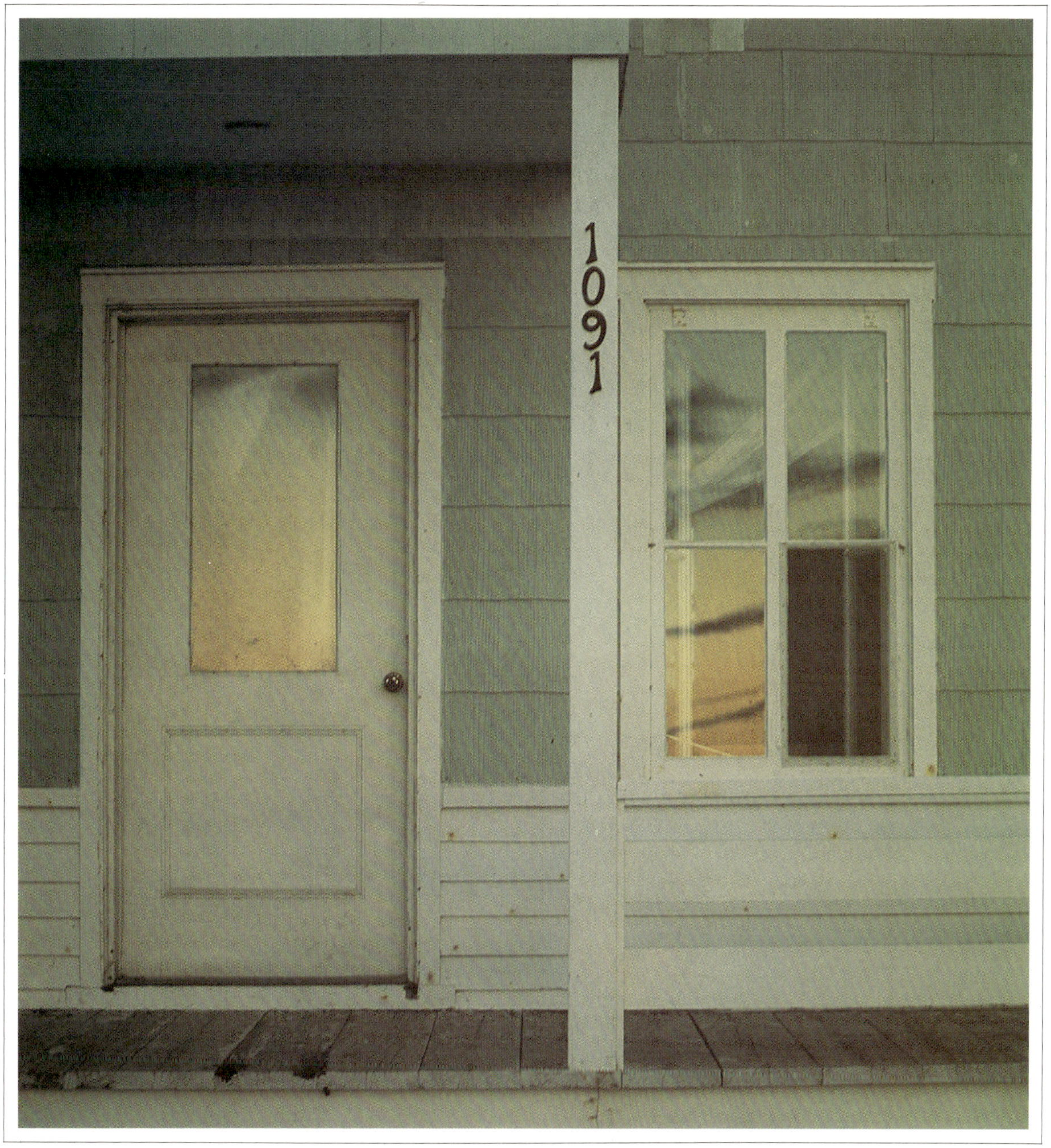
1091

Oder etwas Verzweifeltes hätte von ihm ausgehen können, wie er da zwischen der hängenden Hutkrempe und den zerschlissenen Schuhen stand.
Nichts davon traf zu. Als ob er in vollkommenem Einklang mit sich und dem Dasein stünde, verharrte er einen Augenblick, schloß wie ermüdet schwere Lider über dem Blick, wandte sich langsam ab und ging ohne zu zögern, ohne sich umzusehen, die Straße hinunter.
Zurück blieben Brot, Wasser und Wein; auf Papier dingfest gemachtes, längst überholtes Weltgeschehen; eine Matte, die ebenso nötig wie unnötig sein konnte, um sich mehr Bequemlichkeit zu verschaffen; ein Messer, das – als Waffe gebraucht – keine wirkliche Garantie für Sicherheit und Freiheit bot und eine abgelaufene Sanduhr.
Während er dem Alten nachsah, begann ihn vom Magen ausgehend, eine Welle umfassender Übelkeit zu überschwemmen.
Wer schließlich kam, war seine Mutter. Sie näherte sich ihm langsam, ihr fließendes, helles Hauskleid strahlte etwas aus, das er als tröstlich empfand.
„Wolltest Du nicht gehen und mit den anderen spielen, mein Kleiner?", fragte sie und streckte ihm die rosige Fläche ihrer Hand entgegen, auf der eine bläulich-metallisch schimmernde Murmel lag.

WIRD ES EIN LEIDENSWEG GEWESEN SEIN?
GLAUBE, LIEBE, HOFFNUNG AN DEN STARREN
BALKEN DES KREUZHOLZES GENAGELT?
KEIN LEBEN LEBT
OHNE DIE TÄGLICHEN KREUZIGUNGEN –
UND DIE TÄGLICHEN ERLÖSUNGEN.

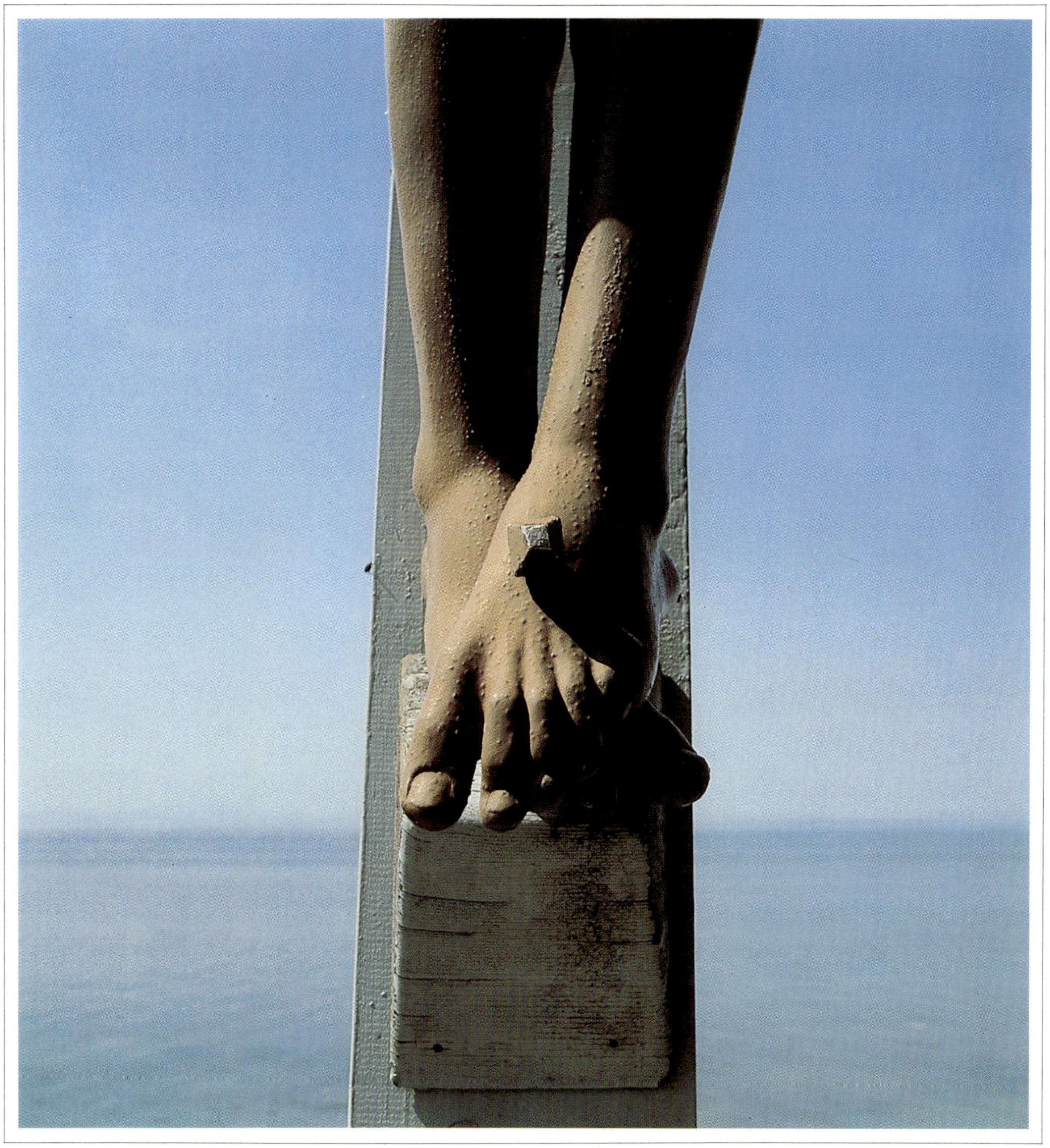

AUGENBLICKE, IN DENEN
DIE SEELE BARMHERZIG
DAS BEWUSSTSEIN DES ÄUSSERSTEN
MIT BUNTEN VISIONEN TRÜBT.

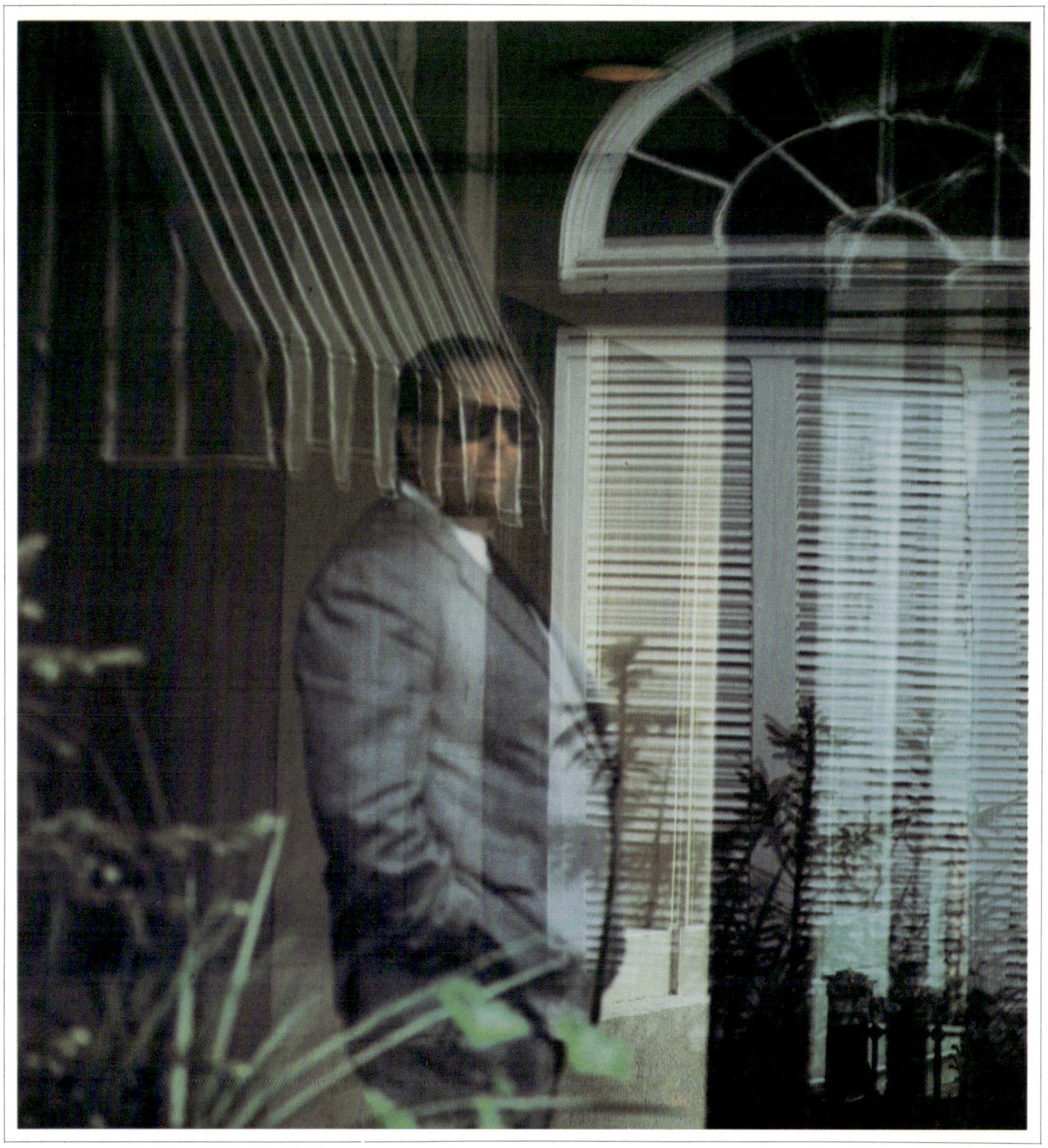

„Wir leben ein Leben aus zweiter Hand. Die Medien nehmen für uns wahr. Die (Außen)Welt kommt vermittelt bei uns an. Das prägt. Aber es ist gefährlich, Resultaten daraus rigoros das Etikett zweitrangig aufzukleben. Zum einen. Zum anderen: Es kommt immer noch auf den Vermittler an ...
Lajos Keresztes hat erkannt, daß die Bilder-Inflation nur durch das Bild eingedämmt werden kann ... Er stimuliert leise und unmittelbar. Er gibt dem Natürlichen, dem Alltag seinen Charme zurück, auch den herben. Aber gefragt ist dennoch mehr als der äußere Prospekt; gefragt ist auch die Kulisse dahinter."

Heinz Neidel

Lajos Keresztes

wurde 1933 in Budapest geboren, lebt seit 1956 in Deutschland. Er ist verheiratet und hat zwei Söhne. Nach dem Abitur 1952 in Budapest arbeitete er in einem grafischen Büro, ab 1956 studierte er Architektur an der Technischen Hochschule in München. Daran schloß sich ein zweijähriges Studium an der Staatlichen Höheren Fachschule für Fotografie in Köln (Abschluß: Ing. grad.) an. Lebt und arbeitet als freischaffender Fotodesigner in Nürnberg.

Auszeichnungen:
1966   Photokina-Obelisk.
2. Preis der Sparte „Farbe" bei „World Press Photo" in Den Haag.
1973   1. Preis der Kategorie „Kultur" bei Sixty Years World in Colour" in Den Haag.
Ehrenurkunde des AWI.
1979   KODAK-Fotobuchpreis.
1980   KODAK-Farbfotokalenderpreis für LBS-Kalender.
Ausstellungen:
Berlin, Den Haag, Köln, München, Nürnberg, Stuttgart, Hof, Erlangen.
1979 erschien das „Frankenbuch" – Einsichten in eine Landschaft. Oberfränkische Verlagsanstalt und Druckerei GmbH, Hof.

Angela Baumann's Arbeiten zeigen Ängste, Visionen, belegt durch die Titelerzählung ihres Erstlings, tiefe Skepsis, vielleicht auch Ansätze von Mutlosigkeit und Resignation.
Ihre Beschäftigung damit, verbunden mit einem beachtlichen erzählerischen Talent, läßt mich auf weitere interessante Ergebnisse hoffen.

Jürgen Wolff

Angela Baumann

wurde 1944 in Steinhöring (Obb.) geboren. Nach dem Besuch des humanistischen Gymnasiums in Ansbach begann sie eine Ausbildung an der Fachakademie für Sozialpädagogik, Würzburg. Danach folgten zehn Jahre im Beruf. Sie ist verheiratet und hat zwei Kinder, lebt und arbeitet in Nürnberg.

Schreiben ist für Angela Baumann-Hager Hauptbeschäftigung. Bereits als Achtjährige veröffentlichte sie ein Märchen im Süddeutschen Rundfunk.
Ab 1976 Mitarbeit in verschiedenen Anthologien und Literaturzeitschriften.
Erste Buchveröffentlichungen: „Vision '78 und andere Prosa" „Steinwürfe aus dem Glashaus", beide im Verlag Jürgen Wolff „Plakaterie", Nürnberg 1980

ISBN 3-923004-00-1
Copyright © 1981
Fotos by Lajos Keresztes
Verlag H. Krackenberger Verlags GmbH
D 8702 Maidbronn
Telefon 09365/1881

Konzeption und Buchgestaltung:
Manfred Zeltner, Burgthann
Lithos: Reinhardt + Co., Nürnberg
Satz: Typo Tausend, Nürnberg
Druck: Sebaldus-Druck, Nürnberg